専門職教育質保証シリーズ

持続可能な開発目標に貢献する専門職高等教育

一般社団法人 専門職高等教育質保証機構／編

一般社団法人 専門職高等教育質保証機構代表理事 川口昭彦／著
独立行政法人 大学改革支援・学位授与機構教授 坂口菊恵／著

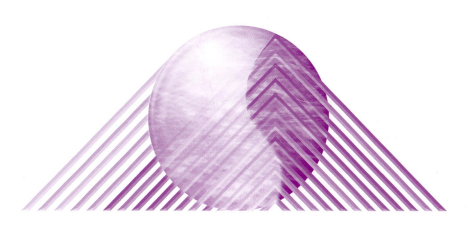

ぎょうせい

まえがき

　二十世紀の高等教育は知識の伝承・再生産を中心としてきました。しかし、世界的規模の激しい社会変動が起こりつつある二十一世紀では、高等教育には持続可能な開発目標（Susteinable Development Goals, SDGs）の実現に貢献することが期待されています。この期待に応えるためには、未知の課題に挑戦するための「知恵の修得・創生」すなわち思考力、想像力、創造力などを具備した人材の育成が必要です。多くの課題は、一人の人間によって解決できるようなものではありませんから、異なる知識・技能を有する人たちが協働して挑戦するための協調性やネゴシエーション力も不可欠となります。このためには、統合的な学修プログラムが求められています。このことは、世界で共通に認識され、教育機関の対応や政策的な努力が推進されています。すなわち、新しい時代に対応した高等教育像が求められ、それに沿ったイノベーションが必要となっています。

　デジタル革命（第四次産業革命）とともに科学技術は日進月歩の進化を続け、産業の高度化が進んでいます。このような科学技術の進歩に加えて、人生100年時代を迎えている現代社会では、多様なプロフェッショナル（高度専門職人材）の育成が、喫緊の課題となっています。わが国では、少子高齢化が急速に進み、一人ひとりの生産性すなわち付加価値を高めることが急務となっています。個人的レベルでも、長寿化にともなって仕事に従事する期間が長くなり、生涯にわたって複数回のキャリア・アップ（リスキリング）を図り、自らの付加価値の向上が不可欠となっています。

一般社団法人　専門職高等教育質保証機構は、専門職大学院のうち
ビューティビジネス分野および教育実践分野の認証評価機関として文
部科学大臣から認証されています。2014年からは、専修学校職業実践
専門課程における専門職教育の質保証事業として、第三者評価を実施
しています。さらに、実践的な職業教育を行う新たな高等教育機関と
して創設された専門職大学の分野別認証評価を実施する機関として認
証されました（2023年）。

　このような質保証事業だけではなく、わが国の専門職高等教育に質
保証文化の醸成・定着をめざして、専門学校質保証シリーズ・専門職
教育質保証シリーズを発刊してきました。第一巻では、職業教育の質
保証の基本的な枠組、質保証に取り組むための考え方、手法、課題な
どについて解説しました（2015年）。第二巻では、高等教育のリカレ
ント教育に話題を絞り、その方向性と質保証について解説しました
（2021年）。第三巻では、デジタルトランスフォーメーション（DX）
社会が専門職大学院・大学を求める背景の分析とともに、「個々人の
可能性を最大限に伸長する教育」が渇望されている高等教育における
学修のあり方とその質保証について議論しました（2022年）。第四巻
では、個々人の間あるいは組織間の切磋琢磨は、社会の発展のために
不可欠であるという視点から高等教育機関における「競争」の重要性
を強調しました（2023年）。この第五巻では、SDGsを念頭においたイ
ノベーションの必要性を解説します。

　2025年3月

　　　　　　　　　　　　一般社団法人　専門職高等教育質保証機構

　　　　　　　　　　　　　　代表理事　川　口　昭　彦

目　次

まえがき

第一部　二十一世紀日本に求められる高等教育改革

第1章　高等教育の危機脱出のために …………………………… 4

　第1節　日本の高等教育が危ない ……………………………… 5

　第2節　高等教育と社会の一体化：スキル・ギャップ ……… 9

　第3節　高等教育のアップグレード：学修者の自主性と個性化 …… 19

第2章　タテ社会の壁を超える学習 …………………………… 30

　第1節　人工知能時代の学習 …………………………………… 31

　第2節　マイクロクレデンシャル ……………………………… 36

　第3節　高等教育アドミニストレーター育成をめざす履修証明プ
　　　　　ログラム ………………………………………………… 42

第3章　SDGsの実現に貢献する高等教育 …………………… 51

　第1節　時代の転機：二十一世紀は二十世紀の再現ではない ……… 54

　第2節　SDGsに貢献する教育イノベーション：「知識・技能の伝
　　　　　承・再生産」の教育から「持続可能な社会の創手育成」
　　　　　の教育への転換 ………………………………………… 60

　第3節　社会人の学び直しの推進 ……………………………… 71

第二部　多様なニーズに対応する質マネジメント

第1章　持続可能な質競争 ……………………………………… 84

目　次

第1節　高等教育に「質」「質保証」の概念の導入 ……………… *87*

第2節　学修成果・教育成果の質の多元的競争 ………………… *91*

第3節　人材需要の変化を支える専門職人材育成 ……………… *95*

第2章　質管理と質向上 ……………………………………………… *105*

第1節　学生の学び主体の学修マネジメント ……………………… *106*

第2節　学修成果で表現する教育目標と質管理 ………………… *109*

第3節　学修成果の国際的共有：国家資格枠組 ………………… *114*

第3章　質　保　証 ………………………………………………… *125*

第1節　質保証の使命 ……………………………………………… *126*

第2節　内部質保証と第三者質保証 ……………………………… *128*

第3節　質保証情報に基づく学校選択 …………………………… *131*

第三部　学生の学び（学修成果）のアセスメント

第1章　教学マネジメント …………………………………………… *138*

第1節　学生の学びのマネジメント ………………………………… *139*

第2節　学生、教員そして社会の意識変革 ……………………… *146*

第2章　学修目標の策定 …………………………………………… *151*

第1節　知識および概念の理解 …………………………………… *151*

第2節　社会的責任スキル：思考および創造のスキル ………… *154*

第3章　アセスメント結果の共有と活用 …………………………… *166*

第1節　学修成果の達成状況の測定 …………………………… *168*

第2節　アクティブ・ラーニング：基盤的能力の養成 ………… *175*

第3節　ポートフォリオ：自己省察の文化 ……………………… *178*

目　次

第4節　アセスメント結果の分析と活用 ……………………………… *187*

参考文献・資料 ……………………………………………………… *193*

あとがき

編著者紹介

※本書の《注》に掲げた各ウェブサイトの最終アクセス日は2025年1月10日

iii

第一部
二十一世紀日本に求められる高等教育改革

デジタル化・グローバル化にともなう技術革新により、産業を構成する職種や仕事の内容が大幅に変化するとともに、求められるスキルも変化しています。従来は、偏差値や知名度の高い学校に通うことによって、望ましい就業の可能性が高まり、社会の発展に貢献すると信じられてきました。しかしながら、社会や技術が激変する現代では、高等教育を卒業（修了）した後も新しい知識を継続的に学び続けなければ、時代の要請に応える仕事をすることができなくなります。すなわち、一度、資格や学位を取得したとしても、それらのアップグレードを絶えず図らなければ、社会の進歩に乗り遅れることになります。現に、日本の人材の競争力（世界の中で）は下がっているというデータもあります。

今や、既存の知識を多く正確に身につけること以上に、修得した知識を仕事の場や実生活において課題解決に結びつける能力（ファシリテート能力）が重要です。そして、既存の枠組を超えて協働的に課題に挑戦することが求められます。このような知識観が世界の趨勢となっています。ところが、「高等教育の卒業（修了）生が必要とされる知識やスキルを身につけていない。」「高等教育側が産業界のニーズを汲み取れていない。」などの批判があります。すなわち、スキル・ギャップあるいはスキル・ミスマッチが起こっています。高等教育と社会のスキル・ギャップは、わが国だけではなく世界的問題です。欧米諸国では、この問題に1980年代から取り組み成果をあげています。しかし、日本では諸般の事情から取組が遅れ、日本経済の低落の一つの要因となっているものと推察できます。

持続可能な開発目標（Sustainable Development Goals, SDGs）は、2030年までに持続可能でよりよい世界をめざす国際目標として、国連サミット（2015年9月）で加盟国の全会一致で採択されました。「持続可能」とは、将来の世代のための地球環境や資源が守られ、今の状態が維持できることです。また、「開発」とは、すべての人が安心して自分の能力を十分に発揮し満足して暮らせることをさします。教育は、SDGsの17の目標を達成するための鍵となる取組の一つです。持続可能な開発のための教育（Education for Sustainable Development, ESD）は、中央教育審議会で「基盤となる理念」と位置づけられ、学習指導要領には「持続可能な社会の創り手」の育成が目標として掲げられています。ユネスコ（国連教育科学文化機関）は、ESDの目標を「あらゆる年齢層の人びとが生涯を通じて社会を変革し、この地球を守っていくために、ひとりの個として、そして他者と協働して行動する力を身につけること。」と説明しています。すなわち、社会を変えるための行動には、知識を身につけるだけでなく、新たな価値観を創出し、課題に主体的に関わる力が求められます。今までの高等教育は、「専門性」を追求してきましたが、これからは「社会性」と「主体性」も視野に入れることが不可欠です。このためには、学校教育や本などを通して得られる知識や学力などの認知能力だけではなく、心や感情的な部分に関わる非認知能力や行動力などの幅広い能力が必要です。

第一部　二十一世紀日本に求められる高等教育改革

第1章

高等教育の危機脱出のために

　第二次世界大戦後の日本の高度経済成長の要因を分析したエズラ・ヴォーゲル（ハーバード大学教授）は、日本人の高い学習意欲、日本的経営、日本特有の経済・社会制度などを評価して、1979年に『Japan as No. 1』を出版しました[1]。この本は、わが国では70万部を超えるベストセラーとなりました。ヴォーゲルは、日本人の学習意欲や読書量の多さに注目して、アメリカ合衆国の人々にそれを教訓とするように促しました。世界一の経済大国であるアメリカ合衆国の研究者が「日本を見習おう」と書いたわけですから、この本によって日本人が世界の中での存在感に自信をもったことは当然でしょう。確かに、1968年には国民総生産[2]（Gross National Product, GNP）で世界第2位の経済大国となりました。「ジャパン・アズ・ナンバーワン」という言葉は、今だに1980年代の日本経済の絶頂期を表わす表現として、経済大国となった「成功」の記憶として語り継がれています。

　しかし残念ながら、日本経済は、バブル経済の崩壊（1991年）以後、世界の成長スピードに追いつくことができないまま、世界の中で存在感が薄れています。二十一世紀当初の経済成長率（実質GDP伸び率）は、平均3.8％（2000年～2019年）でしたが、新型コロナウィルス禍以後は、3.0％を下回る状況が続いています[3]（表1-1）。世界の中で、わが国の経済成長率の低下が目立ちます。たとえば、世界のGDPに占める日本の割合でも、17.8％（1994年）がピークで、その後下がり続け、2024年3.9％、2050年3.2％と予測されています[5,6]（図1-1）。また、日本の生産年齢（15～64歳）一人当たりの名目GDPは、2004年と2022年ともに5.8万ドルと変わっていませんが、アメリカ合衆国のそれは、2004年6.2万ドルから2022年11.8万ドルと2倍近く増加していますから、わが国の経済力が相対的に低下しています[6]。

4

表1-1　世界および日本の経済成長率（実質GDP伸び率、単位％）

	2022年 （推計値）	2023年 （予測値）	2024年 （予測値）	2025年 （予測値）
世　界	3.0	2.7	2.4	2.7
日　本	0.9	1.7	1.2	1.1

国連経済社会局の見通し[4]

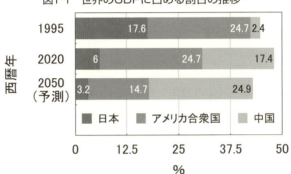

図1-1　世界のGDPに占める割合の推移[4]

　Vogel博士が指摘しましたように、学習意欲や読書量の多さが日本経済の発展に貢献していたわけですから、わが国の教育が経済発展に寄与していたことは疑いの余地はありません。しかしながら最近は、グローバルな視点から日本の人材の「質」低下を示唆する複数のデータが観られますので、まず第1節と第2節で分析した上で、今後の方向性を議論します。

第1節　日本の高等教育が危ない

　スイス・ローザンヌのビジネススクール・IMD（International Institute for Management Development）は、2005年以降「世界人材ランキング」を発表しています。この調査は、「教育への公的支出」や「女性労働力」など

第一部　二十一世紀日本に求められる高等教育改革

の公的な統計（14件）の比較に加えて、世界約4,000人を対象とした企業の
経営層・管理職へのアンケート調査をもとにした調査データ（17件）も加味
されています[7]。アンケート調査には、日本では主に大企業の管理職等が回
答しています。世界人材ランキングは、「その国で活動する企業に必要な人
材を、どの程度育成し、惹きつけ、維持できているか」について把握する目
的で実施されています（コラム1-1）。このために、上記31項目のデータを数
値化して、スコアの高い順に並べたものです（表1-2）。

　わが国は調査対象の64カ国・地域のうち43位という厳しい結果となり、

コラム 1-1

世界人材ランキング（World Talent Ranking）の評価項目
① 自国**人材育成に対する投資**（Investment and Development）
② 国内外の人材を惹きつける**環境の魅力**（Appeal）
③ 自国人材の**能力（コンピテンシー）・スキルレベル**（Readiness）

表1-2　IMD世界人材ランキング2023

順位	国	スコア	順位	国	スコア	順位	国	スコア
1	スイス	100.00	6	フィンランド	80.55	15	アメリカ合衆国	74.56
2	ルクセンブルグ	84.39	7	デンマーク	80.53	16	香　港	74.32
3	アイスランド	84.33	8	シンガポール	79.96	34	韓　国	62.03
4	ベルギー	83.75	9	オーストリア	79.93	41	中　国	56.28
5	オランダ	83.34	9	スェーデン	79.93	43	日　本	55.72

IMD World Talent Ranking 2023[7]等の資料より著者が作成

2005年の調査開始以降で過去最低の順位でした。日本人は、この種のランキング順位に過敏な反応を示す傾向があります。この時（2023年9月21日）も「だから日本は駄目なのだ。」や「失われた30年が招いた結末である。」などのコメントがメディアなどに登場しました。しかし、IMD世界人材ランキングの上位はヨーロッパの比較的小国が独占しています（表1-2）。アジア諸国では、シンガポールが8位に入っているのみで、ドイツ12位、アメリカ合衆国15位、フランス24位、イギリス35位となっています。おそらく、IMD独自の重みづけがされた計算式で算出されたスコアでしょう。しかし、多元的な評価項目から算出されているわけですから、ランキング順位そのものではなく、その順位に至った個々の項目の内容を分析して、その分析から観えてくる課題に対応することが重要です。

　この調査によると、①管理職に十分な国際経験があるか？、②優秀な外国人材に日本を魅力に感じてもらえているか？、③国内総生産（GDP）比でみた教育投資などの項目が低い評価となっています。①については、わが国の国際競争力低下の要因として、グローバルに活躍するための英語力の低さや上級管理職の国際経験の乏しさが指摘されており、人材育成が喫緊の課題であることを示唆しています。②に関しては、とくに高い技能を有する外国人がわが国で働くことに魅力を感じていないことであり、おそらく後述の「タテ社会」文化（p. 16）の影響でしょう。タテ社会はメンバーが変わらない閉鎖的なコミュニティで、組織（企業）内のキャリア形成が中心となり、内部公平性が優先されます。一方、ヨコ社会はメンバーの出入りが自由なコミュニティで、外部競争力が最も重要視され、個人の自律的なキャリア形成が進みます。③は、GDPに対して教育や人材育成に向けた投資の割合が低いという国内施策への指摘です。以上三点に加えて、過去と同じ質問項目で評価が下がっているなどから、全体的に「国際競争の面で日本人が自信をもてなくなっている。」という憂慮すべき状況が続いています。

　次に、グローバル・イノベーション・インデックス（Global Innovation Index, GII）を紹介しましょう。これは、スイス・ジュネーブに本部を置く

世界知的所有権機関（World Intellectual Property Organization, WIPO）が公表しているデータで、80の指標を用いて130以上の経済圏におけるイノベーションの動向を追跡し、人間の創意工夫力を刺激するための指針を政策立案者やビジネスリーダーに提供しています[8]。2023年版では、スイス、スウェーデン、アメリカ合衆国、イギリス、シンガポールが、最もイノベーションが進んでいることがわかります。国別GII順位の推移を比較すると、日本は、2007年は4位でトップクラスでしたが、2023年には13位に後退しています[6]（表1-3）。人材の質の低下が、イノベーションの停滞にもつながっているものと推察されます。ただ、世界で最もイノベーティブな企業100社の中にランクインされた日本企業は、2022年版では日東電工1社のみでしたが、2023年版では日東電工に加えて、村田製作所、AGC、日本たばこ産業、京セラ、東京エレクトロンの合計6社がランクインされています[9]から、多少上向いているのかもしれません。しかしながら、日本国民の大勢は、無意識に変化を避けてしまうのではないでしょうか（コラム1-2）。この現状維持バイアスが社会や個人に現状維持や先送り行動を取らせています。バブル経済崩壊（1991年）後「失われた30年」といいつつも、改革には消極的でした。「古き良き時代」を忘れて現状維持の誘惑を断ち切る勇気が必要です。

表1-3　イノベーション・インデックス順位の歴年推移[6]

	順位			
	2007年	**2015年**	**2022年**	**2023年**
日　　本	4	19	13	13
中　　国	29	29	11	12
韓　　国	19	14	6	10
スイス	6	1	1	1
アメリカ合衆国	1	5	2	3

第1章　高等教育の危機脱出のために

> ### コラム 1-2
>
> **グローバル化、デジタル化、少子高齢化**の対応に迫られている現在、**革命的な転換なくしては国の停滞を生む。変わらない社会は**、短期的にはよいことのように思えるかもしれないが、「**成長**」への活力を奪う。

　昭和までの伝統的な人事慣習は、下積みを経て仕事を覚え、社歴とともに責任が増して処遇が上がっていくシステムでした。この人事制度は、社歴が長く熟練の労働者ほど高い賃金にすることによって生産性の向上と働き手の定着を図ったわけです。しかしながら、この年功序列は、経験が重要な製造産業の現場では通じるかもしれませんが、技術が急速に進化するデジタル社会では対応できなくなっています。令和の日本は、多くの前例のない課題に直面しており、従来の延長線上に「正解」が見出しにくく、自らが「問い」を立てて解決する能力が求められます。高等教育は社会に直結しているわけですから、教育機関は、社会の動向を見極めて、その時代に対応できる能力を身につけた人材を育成する責務があります。

第2節　高等教育と社会の一体化：スキル・ギャップ

　社会が高等教育に大きな期待をもっている状況下で、両者のスキル・ギャップが問題となっています。「スキル・ギャップ」とは、高等教育によって修得されるスキルと社会が必要とするそれとの間の差です。仕事に当たり求められる能力として、問題解決力、継続的な学習力、主体性、チームワーク力、自己管理力、課題設定力、論理的思考力などの非認知能力があげられています[10]。就職活動を経験した大学4年生（n＝1,731）を対象とした調査[10]によると、大学生活を振り返って上記の能力・スキルが養われる機会があったという回答は、どの能力・スキルについても30％前後の低い数字となっています。また、企業の人事担当者が学生に不足していると思う能力と学生自身が不足していると思う能力には、明らかに差があります（図1-2）[11]。

9

第一部　二十一世紀日本に求められる高等教育改革

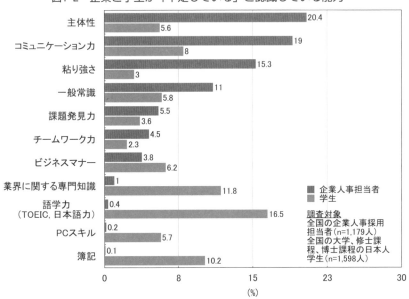

図1-2　企業と学生が「不足している」と認識している能力[11]

　グローバル化とデジタル化の急速な進展に伴って、社会と高等教育（大学のみならず職業教育も含めた専門職高等教育）の一体化が求められることとなり、このスキル・ギャップが国全体の経済状況をも左右しかねない事態に至っています。高等教育機関において修得できるスキルと社会が求めるスキルとのギャップは、後述（表1-10　p. 38）のマイクロクレデンシャルのプロバイダーとして、大学や学校などの高等教育機関よりも、企業や業界団体、資格団体、非政府機関、政府機関などの組織の方が遥かに多いことからも推察できます。
　なお、本書では「スキル」と「技能」を区別して使っております。「技能」は技術的な能力を意味します。「スキル」は、技術的な能力だけではなく、仕事を円滑に進めるために必要な能力（ネゴシエーション力、協調性など）、技術を証明するための資格、活動を行うための肉体的能力（思考力、判断力、

10

コミュニケーション力など）を含みます。したがって、この節で議論する「スキル・ギャップ」には、技術的な能力のギャップだけではなく、それ以外の能力のギャップも含まれます。

　日本は、明治国家の誕生以来、欧米先進諸国をキャッチアップしようと、その知見や制度を輸入する「追いつき型国家」でした。外から得られる知見を短期間に覚え込むために、知識詰め込み型の比較的画一的な教育が主流となり、早く効率的に「答え」に辿り着く「正解主義」が蔓延し、前例が重視される文化でした[12]。そして、教育機関は基礎的な知識・技能を教育して、就職後に企業内教育訓練によって職務につながる知識・技能を修得する仕組が確立されました。この日本型教育訓練が、製造業（第二次産業）を中心とした高度成長期までは一定の成果をあげ、わが国の国際的地位の向上に貢献しました。すなわち、日本の教育制度は、大量生産時代に対応できる画一的な人材育成をめざして発展してきました。その結果、日本企業には、それぞれの組織の中で着実に職務をこなす人材は豊富でしたが、グローバル社会や組織横断的な場で活躍できる人材が少なく、起業家精神のある人材や専門知識の豊富な人材が乏しいと言われてきました。

　さらに深刻な問題は、従来制度の下では人材確保が行き詰まっていることです[13]。たとえば、2023年度の国家公務員総合職試験の申込者数は約18,400人で、これは2012年度の約25,100人と比較して3割以上の減少です。さらに追い打ちをかけているのが、若手キャリア官僚の離職者の増加です。最も多い離職理由が、「もっと自己成長できる魅力的な仕事に就きたかった。」と自らが描いていたキャリア像とのギャップが理由となっています。それでは、「新卒採用だけでなく中途採用を強化すればいいのではないか。」と考えられますが、中途採用を実質的に機能させるためには、給与をはじめ制度的な課題を解決しなければなりません。さらに、終身雇用を前提に、「新卒採用者」「中途採用者」という潜在的な意識の問題もあるかもしれません。コラム1-3に示すような個々人の能力を評価する「ジョブ型」への意識変革によって、スキル・ギャップは必然的に解消するでしょう。

第一部　二十一世紀日本に求められる高等教育改革

コラム 1-3

能力に応じて処遇を決める**実力主義の世界観**の構築が必要である。

　わが国の「スキル・ギャップ」には、二つの異なる視点の問題が潜んでいるものと思われます。第一が産業構造の変革であり、第二が日本の伝統的な企業内教育訓練の機能低下です。

表1-4　産業分類

産業分類*	概　　要	日本標準産業分類
第一次産業	自然界に働きかけ、作物を作り、採取する産業。	農業、林業、漁業（水産業）
第二次産業	自然界から採取した原材料を利用して製品を製造・加工する産業。	鉱業、採石業、砂利採取業、建設業、製造業
第三次産業	第一次にも第二次にも当てはまらない産業で、非物質的な生産業・配分業や学術研究など多様な産業が含まれる。	電気・ガス・熱供給・水道業、情報通信業、運輸・郵便業、販売・小売業、金融・保険業、不動産・物品賃貸業、学術研究、専門技術サービス、対人サービス業、教育・学修支援業、医療・福祉事業など

*Cokin Grant Clark[16]が提案した産業分類（Three-sector model）

サービス産業に対応できる人材の育成

　第一の産業構造の変化の議論から始めます。バブル経済崩壊後（1990年代後半以後）は、第二次産業に替わってサービス業を中心とした第三次産業の比重が高まりました[14,15]。国の産業分野は、第一次産業、第二次産業および第三次産業に大別できます（表1-4）。日本の産業三部門別の15歳以上就業者

数の割合（2015年）は、第一次産業5.8％、第二次産業28.1％、第三次産業65.9％でした[14]が、その後も第三次産業の割合が一貫して拡大を続けて7割を超えています。また、国内総生産（Gross Domestic Product, GDP）の構成比でも、第一次産業1.2％、第二次産業26.7％、第三次産業72.1％となっています[16]。

　第三次産業は、商業から金融・保険業、運輸・郵便業、学術研究、教育事業、医療・福祉など、多種多様（表1-5）で、それぞれに対応する知識・技能のみならず、価値観や人生観の多様化も大幅に進みます。第三次産業内でも業種の割合が、時代によって大きく変化しています[18]。そのため、昭和の時代に蓄積された経験や技術では対処できない課題に遭遇し、従来の延長線上では「正解」が見出しにくい事態に陥りました（コラム1-4）。すなわち、「ゲームのルール」が変わり、これまでの「勝ち筋」は通用しなくなり、わが国は世界の成長（変革）に乗り遅れてしまったのです。今や、昭和の時代に築きあげた「経済大国」の幻想を捨てて、変革の激しい世界で再び飛躍するためには、どのような能力を備えた人材を育成すべきかを考えなければなりません。

コラム 1-4

日本では**正しいか否か**の二元論の議論が多すぎないか？　「これが正しい」と決めすぎることは**社会の多様性や機動性**を失うことにつながる。

サービス産業の付加価値

　サービス産業には、製造産業とは異なる質（価値）の視点が入ることに留意が必要です。製造業では、一般的に欠点がないこと（zero defects）が重視されますが、サービス業では、欠点を最小限にすることは当然ながら、「顧客に不満がない」という視点が加わります。すなわち、質の重点は顧客満足（consumer satisfaction）になります。サービス企業の価値創造は、企業側の取組だけでは不十分で、企業とその周囲の多様なステークホルダー（利害関係者）との間の協働を基盤としています。この「協働」を実現するために

第一部　二十一世紀日本に求められる高等教育改革

表1-5　第三次産業に含まれる業種・事業の例[17]

分　類	業種・事業の例	分　類	業種・事業の例
電気・ガス・水道業	電気事業、ガス事業、上下水道に関する事業	情報通信業	通信業、放送・新聞業、ソフトウェア業、インターネットサービス業、映像・音声・文字情報作成業
運輸・郵便業	鉄道業、旅客運送業（自動車や飛行機）、貨物運送業、倉庫業、郵便事業	卸売・小売業	卸売業（メーカーから商品を仕入れて、販売店等に提供する）、小売業（商品を消費者に販売する）
金融業、保険業	銀行業、貸金業、クレジットカード業、保険業、金融商品取引業	不動産・物品賃貸業	不動産の売買業、不動産の賃貸業、リース業
専門・科学技術、業務支援サービス業	研究機関、法律事務所、税理士事務所、広告業、獣医業	宿泊・飲食サービス業	旅館、ホテル、飲食店
生活関連サービス・娯楽業	理美容業、家事サービス業、冠婚葬祭関連業、映画館、スポーツ施設	教育・学習支援業	教育機関、学習塾、公民館、博物・美術館、動物・植物園
保険衛生・社会事業	病院、保健所、福祉事務所	その他のサービス業	廃棄物処理業、公務、政治・経済・文化団体

14

は、コミュニケーション力、理解力、創造力などが求められます。これが、モノ中心的視点とは大きく異なる点です。かつての製造業中心の産業構造がサービス産業中心に大きく変革している中で、高等教育におけるモノ中心主義からサービス中心主義への変革、換言すれば、自分（個人あるいは組織）だけではなく他者（個人あるいは組織）との協働（共創）の必要性です。わが国では、産業構造が大幅に変わっているにも拘らず、それに対応できる人材養成や労働環境の改善が進んでいないことが課題です。

　二十世紀の日本は製造産業（第二次産業）中心の工業社会で、終身雇用を前提とした企業内教育訓練が機能していました[19]。専門的・技術的能力は、この企業内教育訓練で高められていたかもしれません。しかしながら現在、6割以上の企業で教育訓練が実施されていないというデータ[20]がありますし、民間企業における一人当たりの教育訓練費は、1991年をピークに、それ以降減少傾向にあり、人的資本の蓄積にも不安を抱えています[21]。また、企業内教育訓練の対象者は、原則として正規従業員であって、非正規雇用者や女性は対象外となっていました。

　企業内教育訓練が実施できたのは大企業であって、中小企業では実施したくても、その余裕がなかったでしょう。サービス業については、大部分が中小企業であって、企業内教育訓練は、ほとんど実施されていなかったのが実情でしょう。急激に進む産業構造の変化や技術革新に対応できる能力開発のあり方を根本的に考え直す必要があります。とにかく、サービス産業の付加価値を高めることが喫緊の課題であり、高等教育機関の責任は重大です（コラム1-5）。

コラム 1-5

高等教育は、
① 企業内教育訓練に替わって、**多様な能力開発**に貢献しなければならない。
② **サービス産業の付加価値を高める**ことに貢献する必要がある。

伝統と近代の間の「矛盾」の克服

　日本の社会構造も課題です。中根千枝[22]は日本の社会構造を「タテ社会」とよびました。タテ社会とは、垂直的、固定的かつ直線的に構成された社会であり、組織間に壁を作り、それぞれの内部で基本的には年齢を中心とした部分最適化を図る組織で、わが国の集団構造の基本となっています。この集団構造を維持するための「協調」が極端に重視され、「同調圧力で人と違う意見をいえない。」あるいは「内向き思考」が根強く残っています。高等教育においても同様で、友人関係や協調性を非常に大事にする一方で、論理的思考や人と違う考えをあまり重視してきませんでした。また、教員は知識・技能を教える役割を担い、学生はそれを真面目に伝承すべきであるという認識が、教員にも学生にも残っています。確かに、教員は自分の知識・技能を講義で披露し、学生はそれを真面目にノートをとり期末試験で良い点を取れば、教員と学生の両者にとって楽でしょう。残念ながら、このような意識が、わが国の国際的経済力・研究開発力低下[23]につながっていることは否定できません。高度成長期のキャッチアップ時代では、他の成功モデルを学んで改善に資することによって成長につながっていたかもしれません。しかしながら、二十一世紀には、「画一的な知識・技能の修得」ではなく、「自らが自主的・自律的に『問い』を立てて解決する能力」を発揮することによる多様性のある社会の構築が不可欠となっています（コラム1-6）。なお、コラム中の「ファシリテート能力」は、第3節で説明します（pp. 19-21）。

　「多様性」というスローガンが、日本には氾濫しています。しかし、"言葉"自体ではなく、その"内実"に目を向けた理解と行動が重要です。これからのグローバル化時代の多様性の困難は「民族や文化」の違いから生じます。文化的な背景が異なる人々との協調を進めるには、お互いに合意できるビジョンを定めることが必要です。わが国では、ビジョンに基づいて共通の「解」を探る行動よりも、均質性の高い集団が同じ場所で暮らすことから生じる「横並び」、「波風を立てない」あるいは「事なかれ主義」の感覚が処世術となり、ビジョンは呪文のごとく唱えられるものとなる傾向があります。

多様性を考える一つの指標として、日本のジェンダー・ギャップ指数[24]を他国のそれと比較しましょう（図1-3）。教育に関する指数は、識字率の男女比、初等・中等・高等就学率の男女比から算出されていますが、政治参画や経済参画と比較して男女平等が進んでいるとは評価できます。確かに、令和5年学校基本調査[25]によると、高等教育機関（大学・大学院、短期大学、高等専門学校、専門学校）の在学生のうち女子学生は47.3％となっています。しかしながら、専攻分野別に男女の大きな偏りがあり、理工学分野における女子学生比率は少なくなっています。今や、文系、理系と区別すること自体

コラム 1-6

高等教育は、
「モノシリ」を社会に送り出す発想から脱却して、**ファシリテート能力を涵養しなければならない。**すなわち、**知・徳・体を一体的に備え、他者との協働のもとで、自主的・自律的に『問い』を立てて解決できる能力を有する人材**（プロフェッショナル）育成を目標としなければならない。

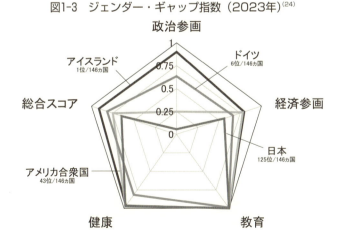

図1-3　ジェンダー・ギャップ指数（2023年）[24]

第一部　二十一世紀日本に求められる高等教育改革

が無意味となっており、ビジネスを進めるためには、統計学や情報技術だけ
ではなく、経済・経営分野の専門性も併せもつ人材が渇望されています。

　男女で受けている教育は今や同じであるはずで格差もないにも関わらず、
男女の地位について74.1％が「男性の方が優遇されている。」と考えており、
「夫は外で働き、妻は家庭を守るべきである。」という固定的な性別役割分
担意識が根強く残っています[26]。この意識からの脱却なくして、価値を産む
多様性は期待できません。現実に存在する男女の差を見据えて社会的な男女
不公平の是正が不可欠です。このためには、相互理解と共存に必要な**エンパ
シー**の育成が重要です（コラム1-7）。わが国では、固定観念にとらわれる傾
向があり「ブレないことがいいことだ。」という考え方があります。もちろ
ん、ブレないことも必要ですが、それだけでは軌道修正が求められる場面で
の融通性の欠如につながりかねません。社会の動向を的確に把握して、それ
に適切に対応できる能力が求められます。

コラム 1-7

エンパシー（Empathy）とは、
自分がその人の立場だったらどうだろうと想像することによって、**誰
かの感情や経験を分かち合う能力**である。

　わが国では人間関係は家族と職場に閉じ籠もる傾向がありましたが、
二十一世紀には多様なつながりを尊重して関係性の質を重視する社会（マル
チリレーション社会）が到来しています。一人の選択肢は一つだけでは不充
分で複数の必要性があります。仕事仲間についても、一企業に閉じるのでは
なく、複数にまたがる必要があるでしょう。そうすると、一人ひとりの専門
性や能力を重視する必要性が高まってきますから、高等教育に求められてい
るのは「組織人」の養成ではなく「専門家」の育成となります。

「横並び」は「平等」ではない！

　日本の教育界には「平等」の考え方の問題もあります。「平等社会」を旨

として教育にも「横並び」が強調され、大量生産時代に対応できる画一的な人材育成をめざしてきました。おそらく画一的な人材育成の結果、日本企業には、それぞれの組織の中で職務を着実にこなす人材は豊富でしたが、グローバル社会や組織横断的な場で活躍できる人材が乏しいと言われます。

しかし、アメリカ合衆国の教育では「平等」の概念が日本とは異なります。わが国では、とくに中学までの教育課程では、カリキュラムは完全に「横並び」です。複数ある教科書には難易度の差はなく、履修内容の「平等」が原則となっています。これに対してアメリカ合衆国では、小学校4年生頃から算数・数学の苦手な学生には基礎から教える一方で、得意な生徒に対してはより高度な内容を教えます[27]。その結果、12年生（日本の高等学校3年生に相当）の数学の履修内容は、同じ高等学校の中でも上下6段階以上の差が見られる場合もあります。このように「能力のある生徒を伸ばす。」という思想が基本となっています。すなわち、生徒の能力に応じた効果的な学習機会を提供することこそが「平等」であるという思想が貫かれています（コラム1-8)。このような思想が、高等教育機関の「競争力」や「多様性」を産み出し、国全体の「競争力」や「多様性」に貢献する人材の育成につながります。今や、「横並び」文化を捨てて、革新を期待する「異能」を育む文化に切り替えるべきです。

コラム 1-8

「横並び」＝「平等」ではない！！　**能力のある者**には、それに応じ**た学習機会**を与えることこそが「平等」である。

第3節　高等教育のアップグレード：学修者の自主性と個性化

日本人は、無意識に変化を避け、社会や個人に現状維持や先送り行動を選択する傾向があります。しかし、日本の経済や高等教育を国際的レベルにまで引き上げた「昭和のシステム」は、時代に合わなくなっています。「二十一

世紀はVUCA社会」といわれますように、急激かつ予測困難な変化に対応できる能力を備えた人材の養成が国の存亡を左右しています。VUCAは、1990年代後半にアメリカ合衆国の軍事用語として、Volatility（変動性）、Uncertainty（不確実性）、Complexity（複雑性）、Ambiguity（曖昧性）の頭文字を並べたものですが、2010年代には一般社会にも普及し、不確実性や不透明性が増す流動的な社会状況を表現しています。二十世紀までは、客観的な正解が予測でき、それに到達するための「知識・技能修得」が重視されました。ところが、流動的なVUCA社会では、多くの前例のない課題に直面しており、従来の延長線上に「正解」が見出しにくく、あるいは一時「正解」と思えても、時間とともに変化してしまうこともあります。したがって、一人ひとりが自律的に考え、学び、行動して、新しいものを創造する能力（イノベーション力）の涵養が必要で、知識・技能を教え込むことを中心とした教育から**ファシリテート能力涵養の教育への転換が不可欠です**（図1-4）。「ファシリテート能力」は、思考力、判断力、創造力、表現力、ネゴシエーション力、課題解決力などのコンピテンシーから構成され、コラム1-9のように定義されます。ファシリテート能力は、今や、高等教育の知識観として世界的に重視されています。そして、一人ひとりの自律的かつ個性的な学びが基盤となって、社会の活性化につながります。すなわち、日本の国力の再構築や経済の再生は高等教育力に依存しています。

　専修学校専門課程（専門学校）における教育では、特定の職業に就くための準備教育であることが学生・教員の間で共通理解として認識されており、これが中核となったファシリテート能力の養成が行われます。一方、特定の職業との結びつきが明確ではない場合には、個々の学生の問題関心が重要になります。すなわち、在学期間中に「解決すべき課題」を発見し、それに向けて学習内容を選択していくことになります。学生本人の自主性に任せるだけでは、有意義な学修成果を得ることはできません。学生の問題関心を引き出し、それを取り組むべき課題へ練り上げるために、教員との対話が不可欠です。個別の課題に応じて学習すべき内容を確定していくためにも、教員の

第1章　高等教育の危機脱出のために

図1-4　「知識・技能伝承の教育」から「ファシリテート能力涵養の教育」への変革

ファシリテート能力涵養の教育
二十一世紀

- 知識・技能を活用する力【情報編集能力】
- 思考力、創造力、判断力、表現力、課題解決力などの養成
- キャリアを自ら切り拓く力
- 異文化環境の中で多様性の許容
- 学生が何を学び、何ができるようになるか？
- 修得主義、職務遂行能力の養成
- アウトカムズ（成果）中心の質保証
- 出口管理（学修成果による卒業・修了判定）
- 学修者自らが、学修成果を説明し、社会の理解を得る

知識・技能生産に資する「知恵」の修得・創生
知恵：物事の理を悟り、適切に処理する能力

知識・技能伝承の教育
二十世紀まで

- 効率的に早く答えを出す力【情報処理能力】
- 知識・技能の習得
- 同質的社会で積み上げるキャリア
- 同一文化の中で暗黙の理解
- 教員が何を教えるか？
- 履修主義・単位・時間
- インプット、プロセス中心の質保証
- 入口管理（入学試験等）

知識・技能の継承・再生産

> ### コラム 1-9
>
> **ファシリテート能力**とは、
> 修得した知識を仕事の場や実生活において**課題解決に結びつける能力**である。

サポートが必要です。教員との対話だけでなく、学生同士の意見交換も有用です。この意見交換を通じて、課題解決につなげることが求められます（第三部　第3章　第2節　pp. 175-178）。

　教室に同年齢の児童生徒学生を集めて同じ内容を教えるという現代の学校の原型は、十八世紀の産業革命の時代に産まれました。この画一的な人材を育てるモデルは、工業化や近代化を進めるには好都合であったかもしれません。しかしながら、デジタル社会は多様な人々の個性や力を引き出す教育への転換を迫っています。生成AI（Generative Artificial Interigence）、メタバース（仮想空間）、オンライン学習、ビッグデータなど、一斉型から個別最適型への教育転換を支える技術は次々と登場しています。これらを利活用

第一部　二十一世紀日本に求められる高等教育改革

して学びの転換を図ることが肝要です。昭和までの教育観から二十一世紀社会に貢献する人づくりへの転換を実現するためには、教員と学生双方の意識変革が不可欠です（コラム1-10）。伝達型・一斉型の授業ではなく、学生が自分で考えて積極的に参加するスタイルの授業によって「教育の個別最適化」を図ることが重要です。もちろん、高等教育機関だけで解決できる問題ではありません。教育機関と社会が一体となった改革が求められます。

コラム 1-10

学修者の**自発性を重視し学修者とともに考える**教育（学修者主体の教育）
教育メニューも**学修者に考えさせる教育への変革**が必要である。
教員は「**教える人**」ではなく「**育てる人**」である。
学修者は自らの学びを**個別最適化**することが重要である。

統合学修：イノベーション力の養成

イノベーションを創出するためには、予定調和的な話し合いではなく、真に多様性のある議論が行われることが不可欠です。俯瞰的に世界を捉え、社会課題の実情を正しく理解した上で、その課題に向き合い、解決していくという強い意思が必要です。イノベーションには、知識や技能だけではなく、人間力や使命感も必要です。課題を解決するために必要なアクションは無数にあるでしょう。その中から、自分の立場（知識・技能）を考えてできることに一つずつ挑戦しなければなりません。そして、その挑戦を社会に発信し理解を得ることも重要な作業です。すなわち、自らの取組を社会に認知してもらう努力も重要なのです。

二十一世紀の高等教育に求められる内容を表1-6にまとめました。SDGsと高等教育との関係は、第3章で詳しく議論します。ここでは、高度に専門的な知識・技能を**文化・社会の全体構造の中で総合化できる能力**の必要性が強調されています。換言すれば、「学び」と「実務」の融合が高等教育の使命といえます。イノベーション養成のための学修を、この表では「**統合学修**」とよび、以下これを使って議論を進めます。また、このうち「文化・社会の

22

全体構造の中で総合化できる能力」を「**基盤的能力**」とよびます。専門的な知識・技能は日進月歩で進化しますから、高等教育段階では、基盤的能力を身につけることが非常に重要となります（図1-5）。すなわち、高等教育は、知識・技能の実装ではなく、それらを利活用できる能力の開発に重心が移ります。

基盤的能力の中核には、自己省察と思慮深さ（深く考え、行動する）が位置づけられ、自己省察とは学修者自身が、自らの学修を絶えず振り返ることであり、**ラーニング・ポートフォリオ**が有効なツールです（第三部　第3章　第3節　pp. 178-181）。この自己省察と思慮深さを支える次の三種類の能力が考えられます。

1）　社会・文化的、技術的ツールを相互活用する能力（社会との相互関係）で、課題発見力、計画力、創造力などとよばれ、言語、シンボル、テクストを相互的に活用する／知識、情報や技術を分野横断的に活用する能力が含まれます。

2）　社会的に異質な集団との交流能力（他者との相互関係）で、発信力、

表1-6　二十一世紀の高等教育に求められる内容

- 専門分野ごとに閉じた分断的な発展は、社会に深刻な「危機」をもたらす可能性を秘めている。このことは、**持続可能な開発目標**（Sustanable Development Goals, SDGs）が叫ばれていることからも明白である。
- 高等教育には、個々の知識・技能をどこまでも探究し追求すること自体ではなく、既知の知識・技能を**分野横断的に統合し組織化**することが求められている。
- 知識・技能の総合的な構造化が渇望されており、専門的な知識・技能**を文化・社会の全体構造の中で総合化できる能力**が育成されなければならない。
- このためには、**統合学修**（Integrated　Learning）が重要である。オンライン学修を最大限に活用し、対面学修との有効な組み合わせによって、学修成果をあげる工夫が肝要である。

第一部　二十一世紀日本に求められる高等教育改革

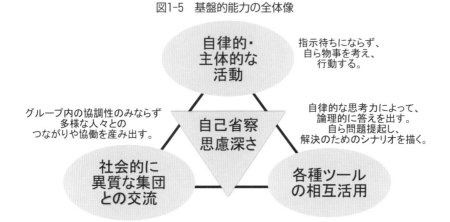

図1-5　基盤的能力の全体像

　　　傾聴力、柔軟性、情況把握力、規律性、ストレスコントロール力などとよばれ、他者と良好な関係を構築・協働する／争いを処理・解決する能力が含まれます。
　3）　自律的・主体的に活動する能力（自律性と主体性）で、主体性、働きかけ力、実行力などとよばれ、大きな展望の下で活動する／人生計画や個人的プロジェクトを設計・実行する／自らの権利、利害、限界やニーズを表明する能力が含まれます。

　大学は、中世ヨーロッパで知の中核的な機関として、知的活動に最も影響力のある教育機関と位置づけられました。しかし、中世が終わる頃（百年戦争終了時）の大学は、近代知の発展にとって周縁的存在となってしまい解体論すら語られましたが、十九世紀初頭にプロイセンの教育長官であったヴィルヘルム・フォン・フンボルトが提唱した「フンボルトの教育理念」（表1-7）によって、国の主要な知的資源と位置づけられ、**外部の要請に応える他律的な知と外部から独立した自律的な知**を追求する国民国家型大学として復活しました[28,29]。わが国の大学では、フンボルト理念の「外部から独立した自律的な知」は強調されてきましたが、「外部の要請に応える他律的な知」は必

第1章　高等教育の危機脱出のために

ずしも重視されてこなかったものと思われます。専門職大学院・大学では、「外部の要請に応える他律的な知」を担保する仕組として、関連職業の実務に豊富な経験を有する個人や団体が参加する教育課程連携協議会の設置が義務づけられています[30]。また、表1-7の最初の項は、まさに**アクティブ・ラーニング**（第三部　第3章　第2節　pp. 175-178）の重要性に言及しているものです。

表1-7　フンボルト型大学の特徴

- 教育の核心部に、**ゼミナールや実験などの研究志向の仕組が導入され**、教員だけではなく学生にも研究をさせるようにカリキュラムが編成された。
- 知識は、定まった不動のものであるという考えを否定して、教員と学生の**対話を通じて新たに生成される**ものである。
- 新しい知識の構築過程で、既存の**知識・認識の枠組み全体が変化して**いく。
- 学生が大学において学修すべき内容は、いかにして**新しい知識を発見**するか、いかにして**知識を進歩させる**か、そのための技法である。
- 教育の焦点は、すでに知っていることを教えるのではなく、いかに知るかを教えることである。すなわち、**「内容」としての知から「方法」としての知への転換**が重要である。

主体的なキャリア形成

　日本の雇用システムの特徴は、新規学卒一括採用、長期雇用制度（終身雇用制度）および年功賃金制度（年功序列制度）の組み合わせでした。これは「メンバーシップ型」とよばれ、企業の文化・社風にあった「ポテンシャル」を重視した採用を行い、企業内教育訓練によって企業固有の知識・技能を獲得させ、その企業内でジェネラリストとしての成長を期待するものです[31]。特定の職務に対応した採用ではなく、職務や勤務地域等も限定しない場合が多いのです。企業は、日常の業務につきながら行う教育訓練（On-the-Job

25

第一部　二十一世紀日本に求められる高等教育改革

Training, OJT）を基軸とした企業内教育訓練によって、労働者の職務拡大や職務転換を実施することにより、経営環境の変化に対応してきました。このように、判断力の涵養は主として企業内に蓄積された経験に基づいて行われ、年齢のもたらす知恵と経験に頼ることが重視されてきました。企業内に現存する人材や技術を基盤としたOJTの他に企業外の教育機能を活用する「Off-JT」もありますが、企業の既存の概念を基盤とした活動には限界があります。

　日本では、終身雇用を前提に多くはキャリア形成を勤務先に委ねてきました。しかし、これから必要なのは個人の意欲です（コラム1-11）。三位一体の労働市場改革の指針[32]の冒頭でも、働き方が大きく変化し、「キャリアは会社から与えられるもの」から「一人ひとりが自らのキャリアを選択する」時代となったと記述されています。

コラム 1-11

一人ひとりが自らの人生（ライフスタイル）**を設計し、それに応じたキャリア選択を行い、知識・技能を身につける活動**を進めることが肝要である。

　時代の変遷やテクノロジーの進化にともなって、知識・技能をはじめ資格や職種のニーズは、短い周期で進化しますから、若い時代に修得した知識・技能や資格が一生を保証することはあり得ません。一度得た資格などに満足することなく、社会の変化を先読みして柔軟に対応する能力が不可欠です。長い人生を生き抜くためには、これから先のキャリアは自分自身で切り拓くという「逞しさ」が不可欠です。高等教育に求められているのは、この「逞しさ」を育成することです。

《注》
⑴　Vogel, E.F.著、広中和歌子　木本彰子訳（2017）『Japan as No. 1』CCCメディアハウス

26

第1章　高等教育の危機脱出のために

(2)　国民総生産（Gross National Product, GNP）とは、一定期間に国民によって新しく生産された財（商品）やサービスの付加価値の総計である。かつては、景気を測る指標として利用されていたが、国民経済計算の体系変更に伴って国民総所得（Gross National Income、GNI）が導入され、現在は国内総生産（Gross Domestic Product、GDP）が使われている。

(3)　国際通貨基金『IMF世界経済見通し　格差が広がる世界の舵取り』(2023) https://www.imf.org/ja/Publications/WEO/Issues/2023/10/10/world-economic-outlook-october-2023

(4)　日本貿易振興機構（JETRO）「2024年の世界経済成長率は2.4%、3年連続の鈍化、国連と世界銀行がそれぞれ見通し」(2024) https://www.jetro.go.jp/biznews/2024/01/96cc5cfb5ddc45a8.html参考資料を参考に作成

(5)　経済産業省事務局説明資料 (2021) https://www.meti.go.jp/shingikai/sankoshin/shin_kijiku/pdf/001_04_00.pdf　p. 11を参考に作成

(6)　昭和99年ニッポン反転「経済大国　転落を止めよう」日本経済新聞2024年1月1日朝刊

(7)　IMD World Talent Ranking 2023　https://www.imd.org/centers/wcc/world-competitiveness-center/rankings/world-talent-ranking/

(8)　WIPO Global Innovation Index 2023 Innovation in the face of uncertainty https://www.wipo.int/global_innovation_index/en/2023/

(9)　LexisNexis Innovation Momentum 2023: The Global Top 100　https://www.lexisnexisip.jp/innovation-report-2023/　LexisNexisは、世界各国の特許技術に関するデータベースをもっており、特許価値の変化を測り、技術価値の増分とその動きの方向性を算出して、企業の技術開発力の勢いを分析している。企業が保有する特許ポートフォリオの質や量が重視される。

(10)　ベネッセ教育開発センター(2011)「学生の実態と社会で求められる力のギャップ」VIEW21　https://view-next.benesse.jp/view_section/view-university/article24742/

(11)　経済産業省 (2010) 平成21年度就職支援体制調査事業　大学生の「社会人観」の把握と「社会人基礎力」の認知度向上実証に関する調査　https://selectra.jp/sites/selectra.jp/files/pdf/201006daigakuseinosyakaijinkannohaakutoninntido.pdfを参考に著者が作成

(12)　日本の教育が危ない (2023) Wedge vol. 35 No. 11 pp. 20-24

27

⒀　人材確保が急務の霞ヶ関　従来制度では行き詰まり必至（2024）Wedge vol. 36 No. 2 pp. 32-33

⒁　産業別（3部門）15歳以上就労者数（2015）http://www.city.ichikikushikino. lg.jp/seisaku1/shise/toke/documents/201508_sangyobetsusyugyosyasu.pdf

⒂　年次推計主要計数（産業別GDP等）（2019）https://www.esri.cao.go.jp/jp/ sna/data/data_list/kakuhou/files/h29/sankou/pdf/seisan_20190405.pdf

⒃　三菱総合研究所編（2008）『最新キーワードでわかる！日本経済入門』日本経済新聞社〈日経ビジネス人文庫〉p. 203

⒄　第三次産業活動指数（経済産業省）および日本標準産業分類（総務省）を参考に著者が作成

⒅　川口昭彦（2022）『DX社会の専門職大学院・大学とその質保証』専門職教育質保証シリーズ（一般社団法人 専門職高等教育質保証機構編）ぎょうせい　p. 14

⒆　川口昭彦、江島夏実（2021）『リカレント教育とその質保証―日本の生産性向上に貢献するサービスビジネスとしての質保証』専門職教育質保証シリーズ（一般社団法人 専門職高等教育質保証機構編）、ぎょうせい　pp. 51-56

⒇　厚生労働省　平成29年版　労働経済の分析―イノベーションの促進とワーク・ライフ・バランスの実現に向けた課題―　https://www.mhlw.go.jp/wp/ hakusyo/roudou/17/dl/17-1-2.pdf

㉑　首相官邸（2018）教育訓練に対する企業支出の状況　https://www.kantei.go. jp/jp/singi/seirousi/dai4/siryo3.pdf

㉒　中根千枝（1967）『タテ社会の人間関係：単一社会の理論』講談社現代新書

㉓　川口昭彦（2022）『DX社会の専門職大学院・大学とその質保証』専門職教育質保証シリーズ（一般社団法人　専門職高等教育質保証機構編）ぎょうせい pp. 22-37

㉔　World Economic Forum (2023) Global Gender Gap Report　https://www.weforum. org/publications/global-gender-gap-report-2023/in-full/benchmarking-gender-gaps-2023/を参考に著者が作成

㉕　令和5年度学校基本統計（学校基本調査の結果）確定値（2023）https://www. mext.go.jp/content/20230823-mxt_chousa01-000031377_001.pdf

㉖　内閣府（2019）男女共同参画社会に関する世論調査　https://survey.gov-online. go.jp/r01/r01-danjo/

㉗　冷泉彰彦（2023）『日本と違う米国の公教育「1億総事務員」教育から脱却せよ』

Wedge vol. 35 No. 11 pp. 42-44

⑵ 独立行政法人 大学改革支援・学位授与機構（2017）『グローバル人材教育とその質保証』高等教育質保証シリーズ　ぎょうせい　pp. 3-14

⑵ 吉見俊哉（2011）『大学とは何か』岩波新書

⑶ 専門職大学院設置基準　https://laws.e-gov.go.jp/law/415M60000080016
専門職大学設置基準　https://laws.e-gov.go.jp/law/429M60000080033/

⑶ 川口昭彦（2022）『DX社会の専門職大学院・大学とその質保証』専門職教育質保証シリーズ（一般社団法人　専門職高等教育質保証機構編）ぎょうせい
pp. 73-76

⑶ 三位一体の労働市場改革の指針（2023）https://www.cas.go.jp/jp/seisaku/atarashii_sihonsyugi/pdf/roudousijou.pdf

第一部　二十一世紀日本に求められる高等教育改革

第2章

タテ社会の壁を超える学習

　昭和までの日本社会は、垂直的、固定的かつ直線的に構成された「タテ社会」でした（p. 16）。タテ社会では、組織間に壁を作り、それぞれの内部で基本的には年齢を中心とした部分最適化を図るための「協調性」が強調されてきました。しかしながら、二十一世紀社会では、「グローバル化」という言葉で象徴されるように、異なる組織間で個別利害を超えた横断的な人材流動の回路を備えた**ヨコ社会**の構築が急務です。ヨコ社会は異なる価値観をもつ人々による水平的、流動的に行き来する社会で、ヒトやモノのダイナミックなコミュニケーションを基盤とする発展が求められます。タテ社会からヨコ社会へのイノベーションの推進に挑戦する学習が重要です。

　今までの高等教育は、主に知識・技能の実装、すなわちエキスパートやスペシャリストの育成が中心でしたが、これからは豊かな人間力を身につけた多様なプロフェッショナル（専門職業人）の養成こそが高等教育の責務となります[1]。この専門職業人が、社会の課題に挑戦し、新しい時代を切り拓くことになります。

　個人的なレベルでも重要な要因があります。デジタル社会が急速に進化する一方で、人生100年時代となり、一人ひとりの仕事の期間が、昭和の時代と比較して、10～20年長くなります。すると、長い就労期間を生き抜くためには、自らの知識・技能をアップデート（キャリア・アップ）することが不可欠となります（図1-6）。しかも、目まぐるしく変化する社会の動向を見据えた複数回の転職が必要となることは明らかです。キャリア・アップに必要なリカレント教育・リスキリングについては、前書[2,3]をご参照ください。

30

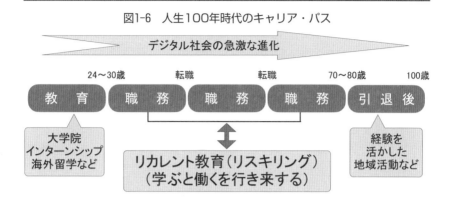

第1節 人工知能時代の学習

　二十一世紀に入ってからの人工知能（Artificial Intelligence, AI）の進歩はめざましいものがあり、これを学習に利活用することは不可欠です。ヒトだけでは解決できない問題もコンピュータとの協力によって解決できるようになります。コンピュータがチェスの世界チャンピオンに勝利したというニュースが流れたことがありました（1997年）。これは、「研究者達の協力によって作成されたプログラムが世界一に勝った。」という証左であって、「人類がコンピュータに敗れた。」と悲観する事態では決してありません。一人ひとりが協働して、それぞれの能力を統合して社会の課題への挑戦の重要性が示唆されています。

　世界経済フォーラム（World Economic Forum）は、2025年までに人間と機械が現在の仕事に費やす時間は等しくなり、その分業によって、およそ8,500万の仕事が失われる一方で、新たに9,700万の仕事が生まれる可能性を示唆しています[4]。すなわち、機械の導入によって仕事の性格が変化するわけで、ヒトにはその変化に対する対応が求められます。

　AIの歴史は意外に古く基礎理論の提唱は1956年に遡ります[5]。しかしながら、

第一部　二十一世紀日本に求められる高等教育改革

当時は、コンピュータの能力は不十分でありビッグデーターもありませんでしたから、AIが汎用的に活用される状況にまでは至りませんでした。しかしながら、ChatGPT（Generative Pretrained Transformer）の登場（2022年）が、大きな衝撃を社会に与え、AIの汎用的活用の道を開きました[5]。ChatGPTは、ビッグデータをもとに、新しい知識を創造することができる「生成」AIのひとつです。自然言語を用いてヒトとコミュニケーションをするように対話的に答えを返すという親しみ易さもあり、急速に広まりました。さらに、画像生成AIも登場しています。これは、自然言語による質問や手書きの図をもとに、問題解決のプログラムコードも自動で生成します。これらが高等教育における教育・学習に及ぼす影響は計り知れません。

創造社会のイノベーション

　二十世紀以後の社会変革を議論するために、工業社会、情報社会および創造社会に分けて、それぞれの特徴を比較しました（表1-8）。工業社会では、工場で機械を用いて一定規格の製品を大量生産することによって、業務が標

表1-8　二十世紀から二十一世紀への社会変革の特色

工業社会 （二十世紀末まで）	情報社会 （1980年代以後）	創造社会 （二十一世紀）
・機械や設備に頼る肉体労働 ・業務内容の標準化・マニュアル化 ・均一性を前提とした生産 ・蓄積した経験に基づく技能習熟 ・現場中心の改善 ・組織は階層的構造	・ICTを活用した自動化・リモート化 ・技術革新や課題変化の速度が早まる ・求められるスキルが変化 ・知識や情報が急増、オープンイノベーション ・従来からの知識・経験の否定、破壊・非連続イノベーション	・情報社会が一層進化し、その特徴が顕著に ・定型的業務はAI・ロボットが代替・支援 ・社会の多様な課題やニーズに応えることへの期待 ・知識の共有・集約によって、新たな価値を産み出す ・多様な想像力とそれを実現する創造力が価値を産み出す

準化・マニュアル化され、経験により技能（いわゆる「暗黙知」）が高まる一方で、時間や空間に縛られた働き方を余儀なくされ、階層的構造の組織が構築されました。蓄積された経験に基づく知識・技能の習熟を目的とした企業内教育訓練が、日本の生産性向上に大きく貢献した時代でした。

　情報社会では、情報通信技術（Information and Communications Technology, ICT）による省力化・自動化が進み、製造業に加えてサービス業が勃興し、ヒトは時間や空間に縛られることなく働くことが可能となり、成果によって評価されるようになりました。暗黙知ではなく、知識や情報が瞬時に共有されることによって価値が産まれ、従来の知識や経験が通用しなくなる非連続なイノベーションが起こり始めました。情報社会では、情報の共有や作業工程を分野ごとに分断し、高度にシステム化することによって、高品質化や効率化が進展しました。しかし、労働力や行動範囲など、属人的な要素が多いために、少子高齢化による労働力の減少により、十分な対応ができなくなる懸念があります。この懸念は、今後ますます拡大することが予想されます。現在の労働集約型の業務や知識の集積に基づく業務は、人的リソースの減少が経済発展の限界に直結するわけです。

　創造社会は、デジタル社会あるいは人工知能（AI）駆動社会ともいえ、AIやロボット等によって人的リソースを代替化・省力化するもので、情報社会を基礎としていますが、質的には大幅に変化します。定型的業務はAIやロボットに代替が可能となり、経理、生産管理部門などの間接業務についても、ロボティック・プロセス・オートメーション（Robotic Process Automation, RPA）の導入によって、定型的業務の自動化が図られます。テレワークなどの普及によって、人々は、時間の有効活用が可能となり、新たな高付加価値の業務を行うことができるようになります。創造社会実現の鍵となるのは、モノのインターネット（Internet of Things, IoT）、ビッグデータ、AIそしてロボットです。さらに上述のように、これまでの情報社会では、情報の所有や分析をヒト主体（フィジカル空間）で行っていましたから、いかに効率的に情報にアクセスし活用できるかが重要視されてきました。すな

わち、あらゆる面で基本的にはヒトによる判断（情報収集・分析・提案・操作）が中心でしたので、知識や情報が共有されず、分野横断的な連携が不十分となっていました。多量の情報の中から必要な情報を見つけて分析する作業負担や、年齢や障害などによる労働や行動範囲に制約があり、十分な対応が困難でした。しかし、創造社会では、ヒトに代わってAIが情報を集約・分析するため、いかにヒトに合わせて必要な時に、必要な形で、必要な分だけ提供できるか、ということが重要視されます。世の中の多様なニーズを読み取り、それを解決するためのビジネスを設計して、AIやデータの力を使って、それを実現することが求められます（図1-7）。すなわち、想像力と創造力が必要となり、時間ではなく、成果や産み出された価値が評価されることになります。そのため、高等教育では、知識・技能の実装ではなく、それらを利活用できる能力（ファシリテート能力）の養成に重心が移ります。Chat GPTや画像生成AIの登場が、この傾向を加速させています。工業社会までは、相互に独立的あるいは対立的に発展してきた各社会セクターも、他の社会セクターなどとの間の相互参加や連携により、創造社会に相応しい形で自らの存立基盤や独自性の強化を図ることが不可欠となってきます。換言すれば、

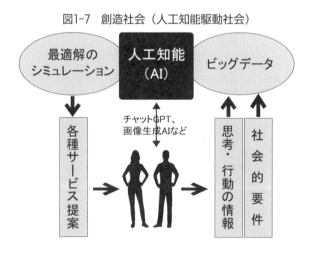

図1-7　創造社会（人工知能駆動社会）

創造社会は、資源やモノではなく、知識・技能の共有・集約が、多様で複雑な社会課題を解決し、新たな価値を産み出す「知識集約社会（Knowledge-Integrated Society）」と言えます（コラム1-12）。

コラム 1-12

知識基盤社会から知識集約社会へ
創造社会は、創造性、個性そして能動性に富む人材（プロフェッショナル）を渇望している。専門職高等教育は、多様なプロフェッショナルを育成する責務がある。

情報社会から創造社会への変革は三段階あります。第一段階は、「アナログ情報のデジタル形式への変換」という技術的なプロセスです。画像、音声、物体などが一連の数字(二進数)で表現されます。1970年代から通信ネットワークが導入されて、通話音声、応答時間、費用対効果などの向上につながりました。デジタル化された原稿は、保管倉庫を必要とせず、データが必要となった際に、簡単な検索で過去のデータを取り出せるようになりました。すなわち、業務のデジタル化、効率化に寄与しました。産業や組織のデジタライゼーション（Digitalization）が第二段階で、産業、組織、市場などで技術的に誘発されて組織プロセスやビジネスプロセスが変化することです。ペーパーレス事務プロセスや電子決済などが一例としてあげられます。教育界のデジタライゼーションは、eラーニングとMOOCs（Massive Open Online Courses）を産み出しました。これからの高等教育は、オンライン学習を最大限に活用して、その質の向上を図る必要があります。第三段階がデジタルトランスフォーメーション（Digital Transformation, DX）で、「デジタライゼーションの社会全体への影響」と説明され、社会や組織自体の風土の変革になります。

AIは単一目的最適化、ヒトは多目的最適化

特化型（弱い）AIは、一つの目的を最適化するために、膨大なデータを調整しています（単一目的最適化）。経済合理性の観点から、世界で汎用的

に求められ普遍性のある能力は必ずAI化されると考えるべきです。AIが簡単に代替できるような能力をヒトが時間と労力をかけて修得する意味があるでしょうか？　これまでは、学生が同じ科目を勉強し、同じような価値観や能力をもつことが重視されていたかもしれません。しかしながら、今後は一人ひとりが多様な価値観と能力をもつことこそが、社会全体の発展につながります。AI化することに経済合理性を見出せない領域が、大きな価値をもつことになります。現在のAIが行っている作業は単一目的最適化ですから、複数の目的から構成される多目的最適化問題はAIでは解けません[5]。今後数年～10年（遅くとも2200年頃）で実現がめざされているのは、強いAI（汎用人工知能）です。しかし現状では、この多目的最適化は、一人ひとりが、それぞれの学習によって身につけた知識・技能を活用して、自分で行う必要があります。したがって、一人ひとりの個性、すなわち「世界中で自分しかできないこと」「自分しかやっていないこと」などが重要であり、多様な価値観や能力の統合が社会全体の発展につながります。

第2節　マイクロクレデンシャル

クレデンシャル（credentials）は、学位、称号、免許、資格などを総称する用語としてアメリカ合衆国で使われています。ちなみに、欧州では "qualifications"、フランスでは "certifications" と、国や地域によって異なります。

世界の労働者の6割以上が、2027年までにリスキリングを必要とすると予測されています[6]。現在急成長している、データアナリスト、ロボティクスエンジニア、ソフトウェアやアプリケーションの開発者、AIや機械学習、IoT、DXやプロセスオートメーションのスペシャリスト、情報セキュリティアナリストなどの職種と直接関係する専門的な知識・技能（「ハードスキル」とよびます。）だけではなく、分野横断的に求められる基盤的能力として、分析的思考力、創造的思考力、自己効力感〔レジリエンス（resilience）、柔軟性、適応力、モチベーション、自己認識、好奇心、生涯にわたる学習意欲〕など（「ソ

フトスキル」とよびます。）が、リスキリングに必要な基盤として重要視されています[7]。一般的にハードスキルのライフスパンが短くなっていますから、好奇心や学習意欲などの学び続ける力（生涯学習力）やハードスキルを利活用できるソフトスキルの重要性が高まっています（コラム1-13）。

コラム 1-13

仕事に必要な技能は急速に進化するために、好奇心や学習意欲などの学び続ける力（**継続的な学習力**）が重視される。

マイクロクレデンシャル（microcredentials）は、「単位以上学位未満」の短期学習プログラムの総称であり（p. 67）、リスキリングや新しい社会課題に対応する学術教育の開発スキーマとしても重要視されています。そして、高等教育、職業教育、生涯学習の境界を超える役割が期待されています。学位プログラムの枠外にある短期学習プログラム自体は、国際的にも以前から存在しており、非学位資格（non-degree credentials）、代替資格（alternative credentials）、ナノディグリー、モジュール型学習、デジタルバッジ、履修証明プログラムなどさまざまな呼称でよばれてきました。近年、これらが学位（マクロクレデンシャル）に対比する「マイクロクレデンシャル」という新たな名称で注目されています。マイクロクレデンシャルの定義には国際的なコンセンサスはなく、各国・地域あるいは各教育機関が独自の文脈に基づいて定義しています。学位などの長期間の正規教育課程で取得する教育資格に対比するものとして、特定の知識・技能の習得を目的とした短期学習は、オンラインなどの柔軟な学習方法とスケジュールで受講できる点、短期間で特定の知識・技能を習得できることなどから、雇用可能性を高めるリスキリングやアップスキリングの需要に応える手段として注目されています。マイクロクレデンシャルの特徴は、表1-9にまとめました。

マイクロクレデンシャルの多様なプロバイダー

マイクロクレデンシャルは、大学や学校などの教育機関のほか、企業や業

第一部　二十一世紀日本に求められる高等教育改革

界団体、資格団体、非政府機関、政府機関など多様な組織によって提供され
ています⁽⁸⁾（表1-10）。わが国では、調査対象となった組織の約半数が、社会

表1-9　マイクロクレデンシャルの特徴

学位などの従来型の学術資格よりも、
① 　時間や単位数が少ない。
② 　多くのスキルや学習テーマが設定されている。
③ 　柔軟に提供される。
④ 　明確に定義された基準に基づいて評価され、授与される。
⑤ 　単体で価値があるもの、他の資格に貢献し補完することができるもの。
⑥ 　既修得学習の承認によるものも含まれる。
⑦ 　質保証が要求する基準を満たす。

表1-10　社会人を対象とした教育関連事業・活動の組織別実施状況

組織形態	総数	実施あるいは実施予定（%）	実施していない予定もない（%）
民間企業	589	78.1	21.9
経営者団体	624	53.7	46.3
財団法人・社団法人	437	35.2	64.8
職業訓練法人	160	65.6	34.4
専修学校・各種学校	482	40.3	59.7
NPO法人	189	38.0	62.0
大　　学	261	57.8	42.2
短期大学	114	39.5	60.5
高等専門学校	34	47.1	52.9
合　　計	2,890	53.0*	47.0*

＊総数に対する割合

38

人を対象とした教育関連事業・活動を実施しています。民間企業（株式会社・有限会社・合名会社・合資会社）は、「実施している。」あるいは「実施を予定している。」という回答が8割近くに達しています。また、「実施している。」あるいは「実施を予定している。」という回答は、職業訓練法人では6割を超えており、大学や経営者団体では5割を超えています。一方、「実施している。」あるいは「実施を予定している。」という回答の割合が低いのはNPO法人、財団法人・社団法人、短期大学などで、いずれの組織も3割台にとどまっています。専修学校・各種学校については、学校によっては社会人を積極的に受け入れている学校はありますが、全体では4割にかろうじて達する結果となっています。専修学校・各種学校の教育内容から判断して、今まで企業内教育訓練が果たしていた機能をカバーすることが重要と思われます。

　大学に関するプログラムについては、学位プログラムから一部を切り出して再パッケージ化されたもの、大学が独自に設計した非正規課程プログラム、企業などの非高等教育機関と連携して提供するものなど、多様な形態があります。世界的な傾向として、高等教育機関外のマイクロクレデンシャルは、アクレディテーションの問題や参入障壁が低いことから、学位プログラムの一部として提供されるケースよりも独立した短期コースとして設置されている例が多くなっています。

　アメリカ合衆国の高等教育機関では、企業が発行する資格（証明書、認定証、デジタルバッジなど）を大学の単位として読み替えたり、企業と提携して民間の学習コースや資格を大学のカリキュラムに組み込むなどして、成人学生を中心に雇用可能性を高めたい学習者のニーズに応えようとする動きもあります。すべてのマイクロクレデンシャルが、学位などに向けて蓄積可能なものとは限りませんが、受け入れ機関によっては、過去に獲得したマイクロクレデンシャルを単位として認定したり、履修科目を免除したりすることによって、関連分野の学習の重複を避け、学位などの資格取得のために積み重ねることができる学習経路も導入されています。このように、効率的に生涯学習やリスキリングを進めるための方策が各教育機関で検討されています。

第一部　二十一世紀日本に求められる高等教育改革

大手企業や政府機関の雇用における学位要件の撤廃

　アメリカ合衆国大統領令は、一部の職種では引き続き学位が必要であるとは認識しつつも、他の職種においては学位がないことが応募者を失格にする理由とはならないことを示唆しています。管理職、情報技術、顧客サービスなどの分野では、学士号がなくても当該分野の経験や技能など即戦力として採用する方針が示されています。すなわち、学位ではなく、雇用者が求めるのは即戦力であり、4年制学位は必須ではないとの見解が広まっています。現に、学位不問の採用方針を掲げる大手企業や政府機関が増加しています。わが国の現状では、ここまでの認識は共有されていないかもしません。しかしながら、メンバーシップ型雇用システム（p.25）からジョブ型雇用システムへの移行が進んでいますから、学士に対する認識は近未来的にはアメリカ合衆国と同じような方向性になるもの（あるいは、「ならざるを得ない」）と予想されます。

　アメリカ合衆国においては、雇用者によるマイクロクレデンシャルへの認知度や評価が高まり、時間や場所を問わず柔軟にアクセスでき、積み重ねが可能で資格も取得できる短期学習プログラムへの関心が成人学習者を中心に高まっています。新型コロナウイルス感染症禍で学習が中断された18歳以上の国民調査（n＝5,272）によると、「今後半年以内にどの教育プログラムで学びたいか？」という質問に対する回答として、「証明書や免許取得につながる技能トレーニング（37％）」が最も多く、「非学位資格（25％）」「学士（16％）」「準学士（12％）」「大学院学位（10％）」と続いています。学位プログラムよりも非伝統型の短期コースに登録する学生数が増えている理由として、最近の学生は、将来を見越して必要と思われる知識・技能を予測する従来の「ジャスト・イン・ケース型の教育（Just-in-case education）」よりも、急速に進む自動化や高度化する知識・技能のニーズに即座に対応できる能力を育成する「ジャスト・イン・タイム型の教育（Just-in-time education）」を望んでいる傾向があると指摘されています。また、学位とマイクロクレデンシャルの両方を取得した求職者は、そうでない求職者より雇用される可能性が高

第2章　タテ社会の壁を超える学習

いという調査結果もあります。

　わが国の高等教育機関でも、特定の技能の習得をめざしたマイクロクレデンシャルの導入を考えるべきでしょう。高等教育機関は、従来から科目等履修や履修証明プログラムなど短期プログラムを提供してきました。デジタル技術の急速な進展や革新的な技能の育成への需要が高まる中で、社会が求める技能や能力のニーズに対する即応性や多様性の観点から、従来型の高等教育の学位プログラムでは、スピードや選択肢などの面で十分には対応し切れていない部分を、マイクロクレデンシャルによって補完することが期待されます。すなわち、マイクロクレデンシャルの導入は、ひとつの「付加価値」となり（コラム1-14）、学位プログラムの価値の向上につながります。学習者の学習経験を向上させるためのデジタル技術やツール、オンラインと対面学習の融合であるハイブリッド型学習などの新しい学習方法が、それらの普及を後押ししています。

コラム 1-14

従来の学位プログラムに**マイクロクレデンシャル**を導入することは、その**付加価値向上**が期待できる。

マイクロクレデンシャルの質保証

　アメリカ合衆国では、高等教育機関が発行するマイクロクレデンシャルは、そのプロバイダーである教育機関がアクレディテーション（適格認定）を受けているので、企業が提供するマイクロクレデンシャルよりも信頼度が高いという調査結果があります。ただし、アクレディテーションによって確認されている範囲などさらなる調査が必要です。また、日本の機関別認証評価では、正規課程プログラムを対象としていますので、おそらく正規課程プログラムに組み込まれていないマイクロクレデンシャルまでは視野に入っていないものと思われます。

　GoogleやIBMなどのグローバル大手企業によるプロフェッショナル認定

41

証は、学習者や雇用者にとって市場価値が高いため、大学とは積極的に連携を図る動きがあります。一方で、他企業のマイクロクレデンシャルを大学の単位に認定したり、履修科目を免除したりする際の判断基準については、現状では各教育機関の裁量に任されています。学習を積み重ねることで大学の学位などの教育資格取得につながる場合、個々の資格の質をどのように保証するかについては、検討の必要があります。マイクロクレデンシャルの付与時に行われる学習成果へのアセスメント、個々のプログラムの質保証、教える人材の質保証、プロバイダー自体の質保証など複数の段階での議論が求められます。

第3節　高等教育アドミニストレーター育成をめざす履修証明プログラム

　マイクロクレデンシャルは、期待できる職種や取得できる資格など具体的な情報を発信する必要があります。ここでは、専門職高等教育質保証機構が、企画し実施している高等教育アドミニストレーター育成をめざす教育プログラム（履修証明プログラム）を紹介します。このプロジェクトは、文部科学省委託事業「職業実践専門課程等を通じた専修学校の質保証・向上の推進」の支援によって「専門職高等教育機関におけるマネジメント・ディベロップメント（MD）プログラムの開発（略称「MD事業」）」として実施されているものです[9]。機構は、2018年度から2022年度まで、FD（ファカルティ・ディベロップメント）・SD（スタッフ・ディベロップメント）事業「体系的な教職員研修プログラムの実用化に向けた改善・普及・展開」において、教職員の研修プログラムの開発を進めました。このFD・SD事業成果を基礎として、2022年度には、ハリウッド大学院大学の「専門職教育支援士［専門職高等教育運営］」履修証明プログラムを開発しました。2023年度からのMD事業は、専門職高等教育の教職員・運営関係者を対象として、コラム1-15に示すプログラムの開発とその実施を目的としています。そして、ハリウッド大学院大

第2章　タテ社会の壁を超える学習

学の履修証明プログラムとして「カレッジマネジメント論」を開講しました。

コラム 1-15

MD事業の目的

専門職高等教育機関の教職員・運営関係者が、多様な学生を対象とした生産性の高い学修を推進するための**マネジメント能力**を養成するためのプログラムを開発するとともに、オンライン双方向授業を実施する。

MDプログラムは、基礎講座、総合講座および実践講座（それぞれ2単位、60時間）から構成されています。各講座の受講者数の上限は、授業時間にすべての受講者が発言の可能な数として、20名としています。それぞれの講座の授業内容は、表1-11〜13に示すとおりです。いずれの授業も1週間以上前に、オンデマンド予習のための資料を受講者に送付します。オンラインを利

表1-11　MDプログラム基礎講座の授業内容

○専門職高等教育機関の存在意義と現状・環境
　・制度と歴史
　・法令と設置基準等
　・専門職高等教育機関と文部科学省、他省庁、自治体
○専門職高等教育政策の動向
○専門職高等教育機関の運営
　・入学試験と就職
　・会計実務と財務管理
　・財務分析と財務戦略
　・専門職高等教育に対する補助金・奨学金制度
○専門職高等教育のマーケティング ─ 高大接続
○専門職高等教育機関のDX戦略
　・大学の歴史
　・デジタル（DX）社会における戦略
　・リスキリング（リカレント教育）

43

第一部　二十一世紀日本に求められる高等教育改革

表1-12　MDプログラム総合講座の授業内容

○高等教育イノベーションとその質保証
・高等教育機関が育成すべき人材像の変革
・質保証情報のニーズ
○認証評価の展開と定着
・機関別認証評価と分野別認証評価
・専門職大学院・大学・短期大学の分野別認証評価
・専修学校第三者質保証の努力義務
○認証評価は機能したか？
・データをもとに認証評価の効果・影響を振り返る
・「評価疲れ」とは何か、どうすれば軽減できるか
・信頼性・妥当性の高い評価を遂行するために
○高等教育の流動性を担保する「資格枠組」
・資格枠組の役割と機能
・ユネスコ規約と資格承認
・マイクロクレデンシャルと資格枠組み
○DX社会のキャリア形成に寄与するリスキリングの質保証
・MOOCsにおける職業教育・リカレント教育の展開とその質保証
・学びなおしが社会で評価されるためには
・ポストAI時代に求められるスキルの養成とその評価

表1-13　MDプログラム実践講座の授業内容

○DX社会が求める人材を育成する「教学マネジメント」
・急激に変化する社会が求める人材の育成
・グローバル社会を生き抜く人材の育成
○教学マネジメントの実践
・「教学マネジメント指針」における専門職教育マネジメントと地域連携
・学生支援マネジメント
・教職協働
・高等学校との連携

> ○教学マネジメントを管理する理事会・評議員会
> ・私立学校法改正に対応した理事会・評議員会
> ○教学マネジメントを支えるインスティテューナル・リサーチ（IR）
> ○総括ディスカッション

用したリアルタイム授業は1.5時間ですが、授業内容の説明は1時間以内として、あらかじめ送付した資料をもとに30分以上のディスカッションの時間を設けてあります。リアルタイム授業を受講できなかった受講者や復習することが可能なように授業の映像は、授業翌日から1週間公開します。各講義への出席状況、討論への参加状況および提出レポート課題の内容などから成績評価を実施し、「修了」の認定を行います。修了者のうち、それぞれの称号の取得条件を満たし希望する者には、専門職高等教育質保証機構より図1-8に示す称号が付与されます。

このプログラム開発と並行して、機構では、専門職高等教育支援士®、専門職高等教育評価士®および専門職高等教育管理士®の資格を商標登録しました[10]。これら三資格の概要と取得条件など（図1-8）は、下記のとおりです。

図1-8　専門職高等教育支援士®、専門職高等教育評価士®および専門職高等教育管理士®の資格取得条件

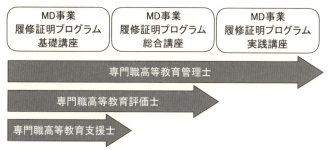

専門職高等教育支援士®：専門職高等教育のカリキュラム・シラバスの作成、自己点検評価等の教学マネジメントの実務を担当します。MDプログラ

ム基礎講座を修了した者のうち希望者が取得できます。なお、2023年度に開講した「カレッジマネジメント論」では、表1-11に示した内容のうち、①専門職高等教育の制度、歴史、法令、設置基準等および②専門職高等教育機関の会計実務・財務管理、補助金・奨学金制度について不十分な点がありましたので、補講プログラム（映像視聴による講義）を受講し、提出レポート課題で合格点を得た場合に、専門職高等教育支援士®の称号を授与しました。

専門職高等教育評価士®：専門職高等教育の学修・教育活動の内部質保証の実務に責任をもちます。MDプログラム基礎講座および総合講座（ハリウッド大学院大学の履修証明プログラムとして「カレッジアセスメント論」を開講）を修了した者のうち希望者が取得できます。大学の認証評価制度が発足以来、内部質保証あるいは第三者質保証を推進できる人材の育成は重要な課題となっています。

専門職高等教育管理士®：専門職高等教育の教学マネジメント（カリキュラム・シラバス作成、内部質保証と社会的説明責任を果たす）の運営・管理に責任をもちます。MDプログラム基礎講座、総合講座、実践講座のすべてを修了した者のうち希望者が取得できます。

2023年度実施のハリウッド大学院大学履修証明プログラム「カレッジマネジメント論」の受講者は、大学および専修学校に勤務している方が多く、年齢は40歳代が中心でした（表1-14）。この履修証明プログラムを紹介してか

表1-14　履修証明プログラム「カレッジマネジメント論」受講者の属性

現所属	30歳代	40歳代	50歳代	60歳代	70歳代	合　計
一般大学	1	2	4	1	0	8
専修学校	2	5	1	0	1	9
高等学校	0	1	0	0	0	1
企　業	0	2	0	0	0	2
合　計	3	10	5	1	1	20

第2章　タテ社会の壁を超える学習

ら短期間で定員（20名）に達したことを考えると、教学マネジメントの必要性を感じながらも、対応が遅れていること、あるいは学外の有識者から学ぶ機会が少なかったことが予想されます。これらのことは、このプログラム受講を考えた理由（表1-15）からも容易に推察できます。

表1-15　履修証明プログラム「カレッジマネジメント論」受講を考えた理由

- 弊校において教学マネジメントの導入は急務であり、必要なインプットをすることが必要であった。
- 大学の職員として知っておくべき大切な内容だと感じたから。
- 教育の質保証、組織的な取り組みについて学びたいと思ったため。
- 教職員としての業務において、教学マネジメントに関連する知識や必要な技術等を修得したかった。
- マネジメント層としての知識と素養を身につけ、実践知に繋げるため。
- 今後の学校の存続を危惧し、内部質保証や第三者評価につながることを学びたい。
- 所属組織において教学マネジメントを推進するため。

全15講のプログラム（カリキュラム）内容に関する満足度アンケート調査（回答者数13名）では、受講方法、予習資料配布の時期、講義映像の配布時期と期間、レポート課題の提出期間などに対する意見を聴取しました（図1-9）。今回は、全員がオンライン受講でしたが、受講者は全員社会人であることから、リアルタイム以外に、後日映像による受講も可としたことで、満足を得られたと評価できます。予習資料は講義1週間前に配布しましたが、適切なタイミングであったことが確認できました。講義映像の配信は、講義の翌日から1週間としましたが、この期間については、一部の受講者より、次の映像配信の際には前の映像の視聴ができなくなるので、復習の際に困ったという意見もあり、視聴期間の見直しも必要かもしれません。レポート課題の提出期間は、講義後1週間としましたが、翌週に次の講義があるため「やや不

47

第一部　二十一世紀日本に求められる高等教育改革

図1-9　履修証明プログラム「カレッジマネジメント論」の満足度アンケート調査結果

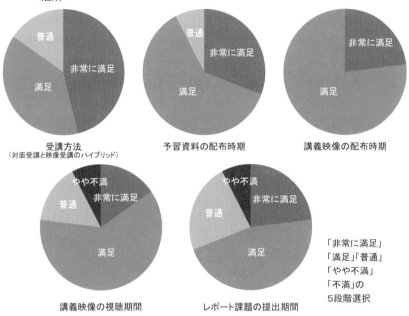

満」の声もありますが、１週間は適切であると考えています。
　全体的な評価は、「満足」に集中しており、続いて、「非常に満足」「ふつう」という結果でした。「不満」「やや不満」については数値としては表れていませんが、別の質問で「改善してほしい点」として下記の記述が見られ、担当講師間の差が垣間みえます。
・文部科学省のマナパスにプログラムの開講情報を掲載すると受講者を安定確保できると思う。
・教育の質保証をテーマとしている以上、講義形式でなくインタラクティブな学びを実践して欲しかった。
・もう少し新奇性に富んだ内容による展開とインタラクティブな展開が望まれる。

第2章　タテ社会の壁を超える学習

・できれば予習資料に書かれていない内容を具体的に説明いただけるとありがたい。専門学校に特化したお話がもう少し聞けると良かった。
・リアルタイム受講ができない時は、後日映像受講ができる点はとても良かった。ただ視聴期間が1週間のため、復習のためにも視聴期間だけ少し長くしてもらいたい。
・講義終了前の質問タイムを、どの講義も取っていただけるとありがたい。
・回線接続が悪かったのかもしれないが、聞き取りにくい講義もあったので改善していただくとよいと思う。

　この履修証明プログラム受講前後の教学マネジメントに対する受講者の知識・理解の変化の代表例（表1-16）は、教学マネジメントの重要性を痛感させる結果となっています。以上の記述の詳細は、事業成果報告書[11]をご参照ください。

表1-16　履修証明プログラム「カレッジマネジメント論」受講前後での教学マネジメントに対する知識・理解の変化

・教学マネジメントの知識・理解が深まり、今後も常に学び続けていきたいと感じた。
・専門職大学との比較を通して大学を考える機会になった。従来型の大学のあり方に危機感を持った。
・教学マネジメントの知識は、障がい者の就労移行支援という就労支援サービスにも適応できることに気づいた。
・初歩的な内容を含めてそのPDCAサイクルについて理解を深めることができた。
・学校教育法（改正）について理解が深まった。また組織内のガバナンス、インターナルコミュニケーションの重要性について改めて考えさせられる機会になった。
・私学法改正が何度受講しても分かりづらかったが、今回の講義でよく理解できた。
・教学マネジメントに関する知識を、体系的かつ高等教育の全体にわたり大いに理解することができた。

《注》

(1) 川口昭彦、竹中　亨（2022）『高等教育に求められるマネジメント・ディベロップメント』専門職教育質保証シリーズ（一般社団法人　専門職高等教育質保証機構編）ぎょうせい　pp. 38-39

(2) 川口昭彦、江島夏実（2021）『リカレント教育とその質保証　日本の生産性向上に貢献するサービスビジネスとしての質保証』専門職教育質保証シリーズ（一般社団法人 専門職高等教育質保証機構編）ぎょうせい

(3) (1)の文献　pp. 15-21

(4) World Economic Forum（2020）The Future of Jobs Report 2020 https://www.weforum.org/publications/the-future-of-jobs-report-2020/ pp. 5-6

(5) 川村英憲（2024）チャットGPTのインパクト—我々はどう向き合い、どう活用すべきか—学士会会報　No.965　pp. 49-57

(6) この節は、野田文香（2023）「米国高等教育におけるマイクロクレデンシャルの展開—リスキリング・アップリスキリング機能としての新たな役割と課題—」広島大学　高等教育研究開発センター　大学論集　第57集 pp. 97-119を参考に記述しました。

(7) World Economic Forum（2023）The Future of Jobs Report 2023 https://www.weforum.org/publications/the-future-of-jobs-report-2023/　pp. 4-7

(8) 独立行政法人　労働政策研究・研修機構　調査シリーズNo.189（2019）民間教育プロバイダーの活動　https://www.jil.go.jp/institute/research/2019/documents/189_01.pdf　p. 9を参考に作成

(9) 一般社団法人 専門職高等教育質保証機構　文部科学省委託事業　https://qaphe.or.jp/mext

(10) 一般社団法人 専門職高等教育質保証機構　ウェブサイト　https://qaphe.or.jp/TopicsPDF/20240524.pdf

(11) 一般社団法人　専門職高等教育質保証機構（2024）専門職高等教育機関におけるマネジャー・ディベロップメント（MD）プログラムの開発　事業成果報告書

第3章 SDGsの実現に貢献する高等教育

第3章

SDGsの実現に貢献する高等教育

　持続可能な開発目標（Sustainable Development Goals, SDGs）は、2015年9月の国連サミットで採択され、17の国際目標（表1-17）と169のターゲットにより構成されています。今や、世界中のあらゆる組織や多数の個人が、SDGsの存在を意識し、関心を寄せています。文部科学省中央教育審議会答申『2040年に向けた高等教育のグランドデザイン』においても、この答申の前提となる考え方としてSDGsがあげられています[1]（コラム1-16）。

表1-17　SDGsの国際目標

1．貧困をなくそう	あらゆる場所のあらゆる形態の貧困を終わらせる
2．飢餓をゼロに	飢餓を終わらせ、食料安全保障および栄養改善を実現し、持続可能な農業を促進する
3．すべての人に健康と福祉を	あらゆる年齢のすべての人々の健康的な生活を確保し、福祉を促進する
4．質の高い教育をみんなに	すべての人々へ包摂的かつ公正な質の高い教育を提供し、生涯学習の機会を促進する
5．ジェンダー平等を実現しよう	ジェンダー平等を達成し、すべての女性および女児の能力強化を行う
6．安全な水とトイレを世界中に	すべての人々の水と衛生の利用可能性と持続可能な管理を確保する
7．エネルギーをみんなにそしてクリーンに	すべての人々の、安価かつ信頼できる持続可能な近代的エネルギーへのアクセスを確保する

51

8. 働きがいも 経済成長も	包摂的かつ持続可能な経済成長およびすべての人々の完全かつ生産的な雇用と働きがいのある人間らしい雇用を促進する
9. 産業と技術革新の基盤を作ろう	強靱なインフラ構築、包摂的かつ持続可能な産業化の促進および技術革新の推進を図る
10. 人や国の不平等をなくそう	各国内および各国間の不平等を是正する
11. 住み続けられるまちづくりを	包摂的で安全かつ強靱で持続可能な都市および人間居住を実現する
12. つくる責任 つかう責任	持続可能な生産消費形態を確保する
13. 気候変動に具体的な対策を	気候変動およびその影響を軽減するための緊急対策を講じる
14. 海の豊かさを守ろう	持続可能な開発のために海洋・海洋資源を保全し、持続可能な形で利用する
15. 陸の豊かさも守ろう	陸域生態系の保護、回復、持続可能な利用の推進、持続可能な森林の経営、砂漠化への対処、ならびに土地の劣化の阻止・回復および生物多様性の損失を阻止する
16. 平和と公正をすべての人に	持続可能な開発のための平和で包摂的な社会を促進し、すべての人々に司法へのアクセスを提供し、あらゆるレベルにおいて効果的で説明責任のある包摂的な制度を構築する
17. パートナーシップで目標を達成しよう	持続可能な開発のための実施手段を強化し、グローバル・パートナーシップを活性化する

> **コラム 1-16**
>
> 2040年頃の社会変化の方向として、**持続可能な開発目標（SDGs）**、Society5.0・第４次産業革命、人生100年時代、グローバル化、地方創生の五つをあげている。

　SDGsに先立って、「持続可能な開発に関する世界首脳会議」（2002年）において、日本は「持続可能な開発のための教育（Education for Sustainable Development, ESD）」を提唱しました（図1-10）。ESDは、SDGsの17すべての目標の実現に寄与するものであることが第74回国連総会において確認され、持続可能な開発目標を達成するために不可欠である質の高い教育の実現に貢献するものと認識されています。

図1-10　ESDの基本的考え方[2]

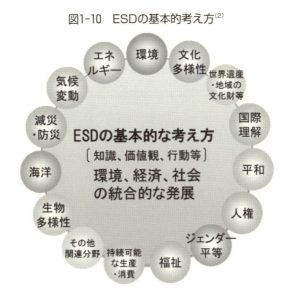

第一部　二十一世紀日本に求められる高等教育改革

第1節　時代の転機：二十一世紀は二十世紀の再現ではない

　来る新しい時代に向けて、人々に求められるスキルがどのようなものであるのか、1980年代より議論が積み重ねられてきました。複数の主要IT企業と教育関係者、アメリカ合衆国教育省などによる共同体が、すべての学生の備えるべき「二十一世紀型スキル（P21 フレームワーク）」をまとめ（2002年）、2009年以降オーストラリア・フィンランド・ポルトガル・シンガポール・イギリスが参加して、このスキルモデルの構造化と評価方法（ATC21s）がまとめられました[3]（図1-11）。

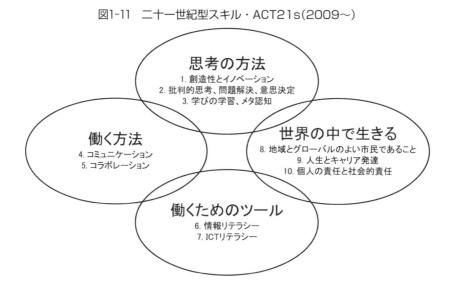

図1-11　二十一世紀型スキル・ACT21s(2009〜)

「二十一世紀型スキル」とは
　この「二十一世紀型スキルの学びと評価（ATC21s）」は、日本でも多くの新しい教育プログラム設計の根拠として用いられました。ATC21sの特筆

すべき点は、身につけるべき「スキル」が定義されていることです。すなわち、さまざまな知識・技能の活用によって、よい世界市民として生きるすべ（非認知能力　p. 9）を身につけさせることが教育目標となっています。これらの目標や評価スケールは理念的、かつ具体性に欠ける印象を与えるかもしれませんが、例外的に内容が特定されている情報リテラシーと情報通信技術（Information Communication Technology, ICT）リテラシーに関連する世界の動向を説明します。

　情報技術の進展によって、スマートフォンやコンピュータによって日常生活が便利になったこと以上に、学術や就業のあり方のみならず、人間や生命のあり方にも大きな地殻変動が起こっています。その変化は想像できるペースをはるかに超え、指数関数的な変化が根本的に世界の様相を変えてしまう屈折点に至ろうとしていると指摘されています[4]（図1-12）。

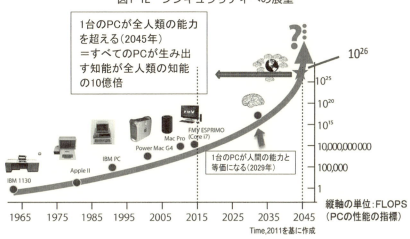

図1-12　シンギュラリティへの展望

　大きな計算機室を占拠していた1960年代最先端のコンピュータよりも、はるかに高性能のスマートフォンを私たちは一人一台以上所有しています。コ

ンピュータの性能は、その頭脳である半導体集積回路がどれだけ小型化できるかにかかっていました。回路の大きさが 1 /k倍になると動作速度はk倍となり、集積度k^2、消費電力は 1 /kとなります。それにより、集積回路上のトランジスタの数は、2年ごとに2倍になると予測されました。これをムーアの法則（Moore's Law）[5]といいます。ムーアの法則にキャッチアップしようと半導体メーカーはしのぎをけずり、1980〜90年代には「18ヶ月ごとに2倍」を達成しました。結果、コンピュータの計算能力の向上と小型化が劇的に進みましたが、量子力学的な限界により、2021年には従来と同じような構造の微小化によって性能向上を図ることは不可能になるとも指摘されました。先端技術の目標は、ヒトの脳に匹敵する性能と省電力性を備えた計算デバイスを開発することです。そのため、量子コンピュータや、DNAを計算素子とするように設計する、あるいはヒトのミニ脳を培養して計算機として用いる、という方法が試されています。

　このような指数関数的な計算能力の拡大は、「収穫加速の法則」とよばれるイノベーションの加速現象の一例です。具体的な波及例を示します。

　「ヒトゲノム計画」は1986年に提言され、1990年から13年間をかけて、数千億円を費やした国際プロジェクトとして、一人の人間ゲノム（DNAの情報のセット）の解読に成功しました。当初の想定では15年でしたが、情報技術を活用した分析方法を導入することによって、13年に短縮しました。この時点では、個人差は当然分かりませんし、それぞれのDNA情報がどのような機能をもっているかも分かりませんでした。その後、DNA測定方法の自動化にともない、全ゲノム配列解読コストは、前述のムーアの法則をはるかに上回る速度で低減しました[6]（図1-13）。測定回数の増加による制限酵素などの消耗品の価格低下もあり2024年1月現在、一人分の全ゲノムの解析費用は250ドル（約36,000円）[7]、個人差の部分を測定するのに一般パーソナル・コンピュータ（PC）で10分以内に解読できるようになっています[8]。これによって、病気の素因などの体質や、何代も前の先祖との血縁関係との関係性も短時間で推定することもできます。

図1-13　一人当たりゲノム（DNAの塩基配列）解読コストの低下と、ムーアの法則との比較

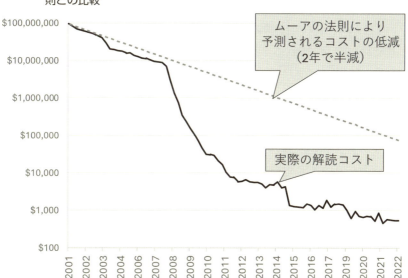

　これらの測定コストの劇的な低減、およびDNA変異のもつ意味の分析が可能になった背景には、先に述べたコンピュータ技術の進展があります。生命科学分野に限っても、人工生命の創造、自由なゲノム編集、脳活動から心の動きを読み取ったり操作したりする技術、死後の脳の情報を機械的な脳に転送して保存しようとする試みに至るまで、情報技術の進展が、これまでは全く想像もつかなかった範囲にまで人間の営為をひろげています。数十年前はSFの中のファンタジーに過ぎなかったアイデアが、次々と実現可能なものとなり、利用可能な技術として日常的にその進展がアップデートされています。
　情報技術が社会や人間の定義を変えていくこのような状況を予見し、「シンギュラリティ（技術的特異点）」という言葉を広めたのが、現在Googleのエンジニアリング・ディレクターとしてAI開発を指揮するレイ・カーツワイル[9]で

第一部　二十一世紀日本に求められる高等教育改革

す。彼は「人間一人の独立した知性に匹敵する汎用人工知能（Artificial General Intelligence, AGI）が2029年に出現し、2045年には1,000ドルのコンピュータの計算能力が、全人類の脳のはたらきを上回る」と予測しました（図1-12）。すなわち、人工的に生み出された知が、間もなく生命によって生み出される知性およびその進化を超克するという予測であり、この転換点を「シンギュラリティ」とよんでいます（コラム1-17）。

コラム 1-17

シンギュラリティ［技術的特異点（Technological Singularity）］とは、自律的な人工知能が自己フィードバックによる改良を繰り返すことによって、人間を上回る知性が誕生するという仮説である。人工知能研究者のカーツワイルが「2045年にシンギュラリティーに到達する。」と予測したことから、**2045年問題**ともよばれている。

日常生活をおくる私たちや研究者の多くにとって荒唐無稽な論に聞こえるかもしれませんが、現場で生成AI開発に携わる技術者にとっては、AGIを産み出すことに対する誘惑と恐怖は現実的なもののようです。ChatGPTのリリースによって、教育界をはじめ世界を震撼させたサミュエル・アルトマン[10,11]のOpenAI社からの離脱騒動（2023年11月）も、このような葛藤が表面化したものとされています。

高等教育機関は社会に求められる知識と技能を提供しきれない

日本では他国よりかなり遅れながらも、電子マネーの普及が進みつつあります。それによって、小売店でのチェッカー、財布や印鑑の制作や流通、出納管理のペーパーワークなど、特別な付加価値がない限り存続しがたい仕事が多く洗い出されました。それでは、高等教育機関はそうした淘汰されていく職種には入らないのでしょうか？

現在、世界で多くの富を生み出し、政治や経済の動きを左右する力をもっているのが、巨大IT企業です。アメリカ合衆国の一大企業の研究開発予算[12]

は（2021年度でAmazon 7.37兆円、Alphabet 4.15兆円、Meta 3.24兆円、Apple 2.88兆円、Microsoft 2.72兆円）、日本の大学全体の研究開発予算（2020年度3.7兆円）に匹敵します。イノベーションに向けて国をあげて後押しを行い、合衆国をしのぐ急速な開発力の進展をみせているのが中国です。「深圳の1週間はシリコンバレーの1カ月」といわれるように、大変スピーディーな開発と社会実装力を誇っています[13]。Natureの分析する国別研究力（2024年）では、中国は合衆国を抜いて1位になりました（表1-18）。生成AI関連の特許申請数も2014-23年の10年間で中国が世界1位（3万8,210件）であり、2位の合衆国（6,276件）の6倍に達しています（日本は4位3,409件）[14]。

表1-18　東アジア諸国・地域の対GDP教育投資率と研究力、経済成長率の比較（年号を記載していないものは2024年）

	香港	中国	韓国	日本
積極的労働市場政策支出（一人当たりGDP比、2015）	—	0.1	0.1	0.1
政府総支出中教育に対する支出（％）	14.86	10.85	14.31	7.43
世界大学ランキング Times Higher Education	香港大学35位	清華大学12位 北京大学14位	ソウル大学62位	東京大学29位
研究力順位 Springer Nature	中国に含まれる	世界1位 アジア太平洋1位	世界8位 アジア太平洋3位	世界5位 アジア太平洋2位
一人当たりGDP（千US$）※	53.61	13.14	34.16	33.14
GDP成長率（％）※	2.9	4.6	2.3	0.9

※World Economic Outlook

　このように情報産業の社会に及ぼすインパクトが増大し、新しい技術を獲

得することに対するニーズが高まる一方で、社会の求める知識や技術をタイムリーに提供することができる機関として、大学に対する期待は低くなっています。対話型生成AIは2022年11月30日にリリースされ、人間が執筆したはずのレポートを評価することによって達成度評価を行ってきた教育関係者は対応に追われました（日本語版リリースは2023年6月13日）。しかしながら、今後の産業の進展にキャッチアップするには、AIをいち早く創造的に使いこなすスキルが不可欠となります。そうしたスキルは大学の教員よりも学生の方が広く身につけていると報告されており、「二十一世紀型スキル」へのニーズが本格化すれば、スキルを習得する機関として高等教育機関が選択される割合は減少していくと予想されます。

　実際、世界的IT企業は就業者に求める知識や技能をMOOCs（Massive Open Online Courses）で提供していますし、「その修了証があれば大学を卒業している必要はない。」と明示する企業もあります。すなわち、就労に求められる知識や技能に関する自由市場が確立している分野においては、特定の建物と教員組織に縛られ、伝統に裏づけられた学術高等教育機関の優位性は揺らぎつつあります[15,16]。

第2節　SDGsに貢献する教育イノベーション： 「知識・技能の伝承・再生産」の教育から 「持続可能な社会の創手育成」の教育への転換

　第1節では主にアメリカ合衆国や中国の産業動向から、高等教育機関の価値づけが変化してきた状況を概観しました。この節では、超域的かつ理想主義的な傾向が強いヨーロッパで、高等教育への期待がどのようなものか紹介します。

マイクロクレデンシャルにかける期待：欧州委員会
　ヨーロッパでは、世界に先駆けて人口転換を経験し、環境変動の脅威に対

第3章　SDGsの実現に貢献する高等教育

図1-14　資格枠組（QF）の策定年次とヨーロッパにおける教育圏の形成

エラスムス計画	▶	高等教育の国際学生交流 ▶ 労働者のモビリティを担保する
リスボン承認規約	▶	より広くUNESCO加盟国を含んだ、資格相互承認の法的枠組みを提供
ボローニャ宣言	▶	欧州高等教育圏を確立（EHEA） ▶ 単位互換と積み上げの基準（ECTS）の確立
コペンハーゲン宣言	▶	欧州職業教育圏を確立（EVEA）
欧州資格枠組 （EQF）	▶	生涯学習の推進に向け、高等教育と職業教育のレベルの対応：各国QFから参照
欧州教育圏（EEA）	▶	ヨーロッパ型マイクロクレデンシャルの定義を通じた、高等教育圏と職業教育圏の統合

しても国境を接している複数の国々と協力した対応が不可欠でした。学位や単位、資格の基準を共通化することにより、学生・研究者・労働者の地域を超えた協力や移動を可能とする協力体制が構築されています（図1-14）。

ヨーロッパでは、高等教育や研究分野のみならず、生涯学習についても地域間協力が進められてきました。当初の目標は2010年までにひとまず達成され、2030年までの新たな目標として、人々の地域間異動を促進し、雇用政策を重視したガイドラインが策定されました。そのために定義された「欧州社会権の柱（2017）」20原則の筆頭に「十分に社会に参画し、労働市場において成功裏に変革するためのスキルを獲得・維持するために、すべての人は質の高い包摂的な教育・訓練・生涯学習を受ける権利を有する（教育・訓練・生涯学習）。」と述べられています[17]。すなわち、生涯学習への平等なアクセス権は、ヨーロッパで考える社会権のうち最も重視されているといえます。

世界の社会・経済活動に大きな影響を及ぼしたCOVID-19パンデミック

（2020年３月より２年間弱）からの復興や、ロシアのウクライナ侵攻の情勢に対応するため、生涯学習振興に向けた超域的な協力の必要性はますます高まっています。欧州社会権の柱として定義された20原則は、表現は異なりますが、2015年に国際連合が持続可能な開発目標（Sustainable Development Goals for 2030, SDGs）とした17の問題意識（表1-17　pp.51-52）と非常に近いものです。そして、「教育・訓練・生涯学習」の目標の実現に向けた具体的な８項目のうち第一に掲げられているのが、「欧州スキルズ・アジェンダ」です[18]。欧州スキルズ・アジェンダの中には12のアクションプラン（図1-15a）が含まれており、関連する取組が着々と進められています（図1-15b）。

　欧州委員会は、二十一世紀を生き抜くために人々が身につけるべきスキルをどのように想定しているか考えてみましょう。職業教育・訓練と科学者の

図1-15a　欧州スキルズアジェンダ

欧州スキルズ
アジェンダ
（12アクション）

教育・訓練・生涯学習
（8項目）

欧州社会権の柱
（3領域20原則）

欧州スキルズアジェンダ 12アクション

1. スキル協定
2. スキル情報基盤の強化
3. 国別アップスキリング・アクション
4. 持続可能な競争力を高める職業教育・訓練
5. 科学者のアップスキリング
6. グリーン＆デジタル・トランスフォー メーションを促進するスキル
7. STEM、起業、分野横断スキルの促進
8. 生活のためのスキル
9. 個別学習口座
10. マイクロクレデンシャル
11. ユーロパスのアップデート
12. 官民によるスキルへの投資促進に向けたフレームワークの改善

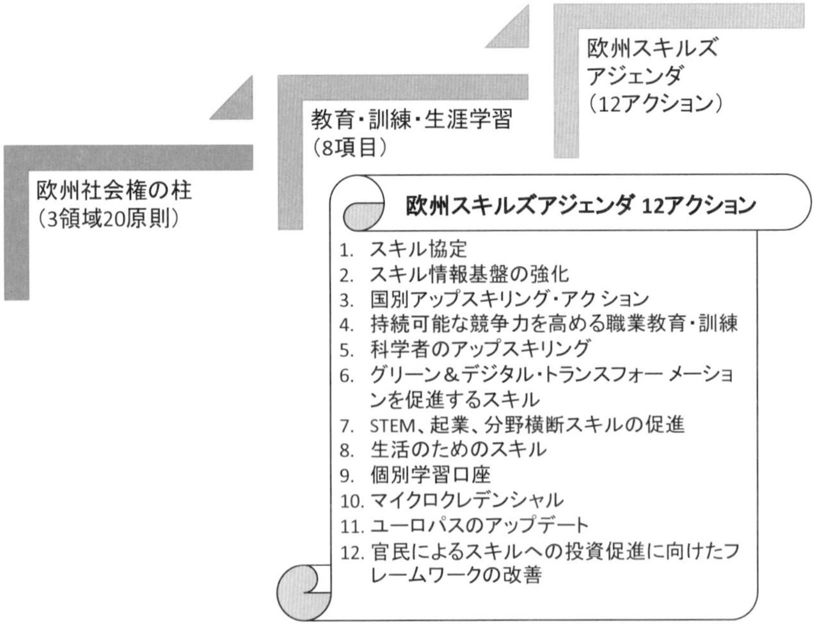

第3章　SDGsの実現に貢献する高等教育

図1-15b　欧州スキルズ・アジェンダと関連する取組

スキルフレームワーク	マイクロクレデンシャルフレームワーク
ESCO (European Skills, Competences, Qualifications and Occupations) [19] ー職業の分類 ーそれぞれに求められるスキル（知識、言語スキルと知識、スキル、汎用スキルとコンピテンシー）のレベル分け ー対応する<u>資格の自動承認</u>	**マイクロクレデンシャル共通フレームワーク（CMF）** [20] ー欧州資格枠組（EQF）内に位置づけられる、単位換算可能なもの **デジタルバッジ・クレデンシャル・ツールキット** [21] ーマイクロクレデンシャル発行者向けの資料集

個人学習口座と質保証	学術資格の自動承認に向けて
RALExILA（個人学習口座の実装に向けた、成人学習と教育の国家レジストリ） [22] ー生涯学習歴蓄積口座の開発、実装に向けた調査	**学術資格（EQFに基づく）** [23,24] **と職業資格（ESCOに基づく）** [25] **の欧州内自動承認** ー7職域（看護、助産、医師、歯科医師、薬剤師、建築士、獣医外科）に関しては自動承認が実現

アップスキリングの両方が項目リストにあげられています。STEM（Science, Technology, Engineering and Mathematics）と起業スキル、生活力の基盤となるスキルを身につけた市民への教育が掲げられている点は、アメリカ合衆国を中心に議論され成立した「二十一世紀型スキル」と同様です。興味深いのが、12アクションの第6項目に掲げられている「グリーン＆デジタル・トランスフォーメーションを促進するスキル」です。成長戦略としての意味合いを強く感じさせる合衆国の位置づけと比較して、環境問題などの課題を乗り越える解決戦略としてのデジタル・トランスフォーメーション（DX）への期待が読み取れます。

　新たに顕在化した課題に対して本格的に取り組む際には、従来の学問分野の垣根を超えて研究者と課題をもつ現場が協働したり、旧い学問体系に限らず新たなトピックに関する知識やスキルを身につけたり、という研究のあり方が有効です。年齢や経歴にかかわらず、必要に応じて学び直し、さらにそ

63

の学習歴を他でも利用可能な形で管理できるシステムの整備も求められます。社会人にも利用しやすい柔軟な学びの提供スタイルとして、近年注目を集めているのが「マイクロクレデンシャル」です[26,27]。学位プログラムは費用も時間もかかるため、必要に応じて柔軟に学修に取り組む手段として適当ではありません。小さなコースに分割した上で正規プログラムと同じような質保証を行うことによって、学習者にとってアクセスしやすいものになります。また、ニーズに即した新しい授業内容の開発や、それと関係した基礎研究や産業との接続も容易になります。

　日常的な場面で類例をあげましょう。商店で販売される食材や調理済みの食品は、従来は量が多くて安いものが喜ばれていたかもしれません。しかし、現在では地域によっては世帯のうち半数以上が一人暮らしですし、食材の保管場所や調理スペースも十分にない環境で暮らしている人も少なくありません。そうした場合は、一人分がパッケージされた食品や、割高であっても小分けにした食材の方が需要が高くなります。他の例として、地域に根づく昔ながらの旅館を考えてみます。その地方や旅館への宿泊に関心があっても、家族連れや団体客のみの予約しか受けられない申し込みシステムでは、お一人様の需要を逃してしまいます。しかし、「旅館は家族旅行で来るものだ。」という思い込みから解放されるには、かなりの創発的な気づきが必要だったようです。

　小さな学習単位を組み合わせて正規の学位プログラムを修了させる仕組みは、国内を含め世界各国で以前から存在していました（図1-18　p.71）。周縁的な手段にとどまっていた組み合わせを、一般学習者にとっても親しみやすいように表現し、世界的ブームを作ったのが、合衆国で発展したMOOCsプラットフォームと、そこで定義された「マイクロクレデンシャル」でした（第2章　第2節　pp.36-42）。

オンラインを活用した教育の世界展開
　わが国の多くの教員にとって、ビデオ会議システムを利用した授業やオン

ライン会議の経験は、COVID-19で対面授業や対面会議が不可能になった2020年が初めてだったのではないでしょうか。

ミネルバ大学は、オンライン授業と世界各国に設置された学生寮を中心とする現地インターンシップを組み合わせた先端教育で話題となっていました。筆者は、パンデミックが世界に広がることが明らかになる直前（2020年2月）に、ミネルバ大学のデモ授業に参加する機会を得ました。双方向のアクティブ・ラーニングや共同作業を効率よく行い、各自の参加度を見える化し、フィードバックすることができるように作り込まれた専用のビデオ会議システムと、教育プログラムの設計には感嘆しました[28,29]。この1カ月後には所属先大学で学内のすべての授業をオンラインで実施することが決まり、教員に向けた授業実施法のトレーニングがさまざまな方法で準備されました。

双方向のアクティブ・ラーニングをグループワークで行ったり、体験を通じて学びを実質化したりすることは、ビデオ会議システムを通じた授業でも実現可能です。かつては、リアルタイムでの双方向授業や講義がオンデマンド型映像授業より教育効果が高いと考えていましたが、オンデマンド型の授業も、目的によっては、むしろ高い教育効果があがることも分かってきました。

パンデミック前の2019年にはすでに、北アメリカを中心にMOOCsでの授業提供と、それらを集約する共通プラットフォームの拡大、浸透が起こっていました。そうした状況に至った経緯をたどってみます（図1-16）。

通信教育は郵便制度を用いて古くから行われてきましたが、インターネットの普及にともない、ダイヤルアップ回線を用いて非同時的ながら、双方向性の高い教授法が試みられました（第1波：1990年代〜）[30,31]。2000年代にはブログやWiki、YouTubeが日常生活の中に入ってきます。オンラインコンテンツは、単に遠隔授業の手段としてだけではなく、対面授業を補完するものとしても取り入れられるようになりました（ブレンデッド・ラーニング）。MoodleやBlackboardなどのLMS（Learning Management System）の普及とも相まって、メディア授業の利用が活発になりました。これが第2波です。2008年までには、年間460万人の学生が、完全にオンラインで展開される国

第一部　二十一世紀日本に求められる高等教育改革

図1-16　アメリカ合衆国を中心としたMOOCsの展開[30]

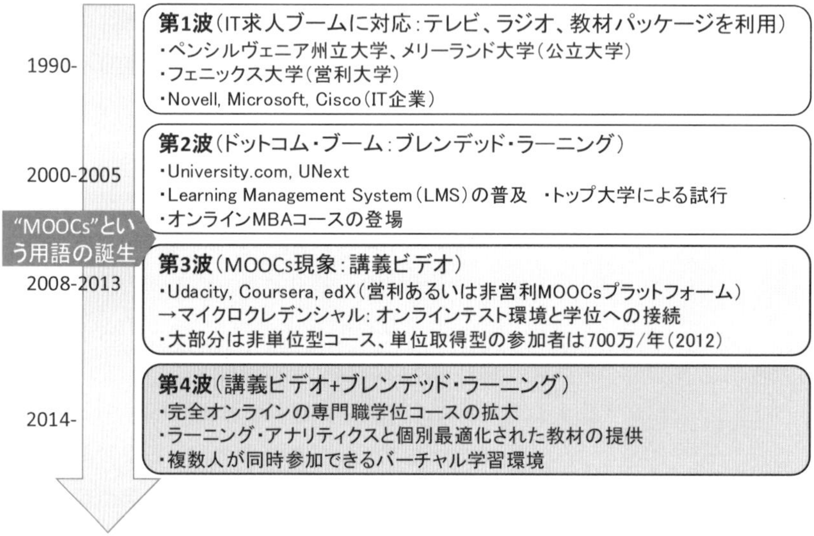

1990-	**第1波**（IT求人ブームに対応：テレビ、ラジオ、教材パッケージを利用） ・ペンシルヴェニア州立大学、メリーランド大学（公立大学） ・フェニックス大学（営利大学） ・Novell, Microsoft, Cisco（IT企業）
2000-2005	**第2波**（ドットコム・ブーム：ブレンデッド・ラーニング） ・University.com, UNext ・Learning Management System（LMS）の普及　・トップ大学による試行 ・オンラインMBAコースの登場
2008-2013	**第3波**（MOOCs現象：講義ビデオ） ・Udacity, Coursera, edX（営利あるいは非営利MOOCsプラットフォーム） →マイクロクレデンシャル：オンラインテスト環境と学位への接続 ・大部分は非単位型コース、単位取得型の参加者は700万／年（2012）
2014-	**第4波**（講義ビデオ+ブレンデッド・ラーニング） ・完全オンラインの専門職学位コースの拡大 ・ラーニング・アナリティクスと個別最適化された教材の提供 ・複数人が同時参加できるバーチャル学習環境

"MOOCs"という用語の誕生

公立および非営利大学の授業を利用するようになっていました。これらとは別に営利大学に関しては、100万人以上が履修していたと見積もられています。

　MOOCsが社会現象となったのは2008年から2013年にかけてです。MOOCs（大規模で、公開の、動画授業）の名を冠して公開された、コネクティビズムというデジタル時代の学習理論についての授業は、約2,300人の学生を集めました（2008年）。さらに2011年には、MOOCsのビジネスモデルが確立する転機が訪れました。コンピュータ学者であるセバスチャン・スラーン（Sebastian Thrun）は、自動運転車を設計しGoogleの研究開発関連会社を率いるなど、技術力と実務において名の知られた人物でした。彼がスタンフォード大学で開講していた人工知能の正規授業の受講者は200人程度でしたが、同様の内容を動画コースとして一般に公開したものは、初日で5,000人、開講までに16万人の登録者数を集めるという大反響をよびます。スラーンは、この成功に力を得て、スタンフォード大学の教授職を辞してUdacityというMOOCsの会社を立ち上げました。これに倣い、数か月後には別のスタン

フォード大学の教授たちがCourseraを設立しました。さらに、ハーバード大学とマサチューセッツ工科大学がedXを始めました[32]。2013年にはedXがいくつかのコースをまとめて、「単位以上学位未満」のコンテンツとして販売し、その修了証として「マイクロクレデンシャル」を定義し、Udacityも追随しました。これらの動きが、柔軟に提供される教育コンテンツとしてのマイクロクレデンシャルの世界的認知度を高めることになりました。

　国公立および非営利大学が開講する単位取得可能なオンラインコースの受講者は年間700万人を超えました（2012年末）。営利大学の開設するコースに参加した者の数はさらに多いと見積もられます。しかしながら、MOOCsとして開講されるコースの大部分は、高等教育機関の単位にはならないものです。二十一世紀初頭、IT企業が米国教育省と共同で「二十一世紀型スキル」を定義しました（図1-11　p.54）。これらの企業はMOOCsに修了証を発行する多くのコースを提供しています。IT産業の拡大と、即戦力となる人手の不足が相まって、企業の求めるスキルを手っ取り早く証明するデジタル資格証明書（マイクロクレデンシャル、画像にその情報を埋め込んだデジタルバッジはその一部）が、職業スキルを証明する高等教育機関の修了証や学位の役割を、一部代替することになりました。バッジを管理するウォレットも、IT企業によって提供されています[32]。そのため、合衆国の文脈ではこうした新しいクレデンシャルの形態は「代替的クレデンシャル」ともよばれています。

　第4波（2014年以後）は、講義ビデオのみならず、教員と学習者との双方向のやり取りを可能にするオンラインツールの選択肢が増えたことで、ブレンデッド・ラーニングの教授手法が本格的に取り入れられるようになります。先に紹介したミネルバ大学の例にみられるように、授業参加者の活動記録を分析して、個人の学習進捗に応じたフィードバックや教材を提供することができるようになっています。オンラインツールの利用によって、対面よりも効率的に学習者の参与を促す授業設計も可能になります。そして、この時期に生じた顕著な動きとして、専門職学位取得コースの遠隔教育化があげられます。

第一部　二十一世紀日本に求められる高等教育改革

　高等教育機関の展開する通信講座やMOOCsは、受講対象者を国外で就業している成人にまで広げました。合衆国では「MOOCsのGoogle」ともよばれる世界的なオンラインコースの検索サイトClass Centralが横断的プラットフォームとなっています[33]。カナダやヨーロッパでは、政策的に高等教育のMOOCs授業を一覧化するウェブサイトが整備されています。これらのプラットフォームの中で最も目立つ位置に掲げられ、受講料も高額なのが大学院レベルのビジネス系専門職学位コースです。ビジネススクールに国際認証を与えるThe Association to Advance Collegiate Schools of Business（AA-CSB）から認証を取得している36カ国・地域の521校のうち、完全にオンラインの学位コースを提供している高等教育機関の割合は、2011年から2015年にかけて25％から37％に上昇しました[34]。公衆衛生修士課程（ボストン大学[35]）や、専門職学位と内容の親和性が高い、学部の学術学位を取得できる遠隔コースもあります（ロンドン大学[36]）。

　日本の大学では、「MOOCs」は大学の広報として、あるいは18歳人口の減少に対応した起死回生策のために開設するという印象があります。しかし、これまで述べた欧米でのMOOCs展開史をみると、産業との関連が強くその時の社会に必要とされる授業コンテンツが存在し、知名度の高い高等教育機関や、代替的な教育機関として新たに台頭した巨大IT産業が参画して、一般にもアクセスしやすいように提供してきたことが分かります。これが教育産業の新たな市場を形成し、爆発的な人気を得ました。

　近年は、韓国、中国、タイ、インドなどのアジア各国が国策として、MOOCsを通じた教材の提供と生涯学習歴の集約化に向けてしのぎを削っています。とくに、中国は初等・中等教育、職業教育、高等教育、生涯学習のすべての教育支援サービスと学習歴を蓄積する統一プラットフォームを構築しています（図1-17）。職業教育に携わる教員は、このオンラインプラットフォームを用いて授業を行う方法を身につけることが義務づけられています。教員に対する教育にもMOOCsが活用されています。中国南西部では十分な教育の普及に課題があったため、地域内の200万人の教員に対して重点

第3章　SDGsの実現に貢献する高等教育

的なファカルティ・デベロップメントに用いられ、効果をあげています。初等・中等教育のデジタル教科書やビデオ教材もオンラインで提供されます[37]。教育関連サービスを利用する場合、MOOCsを集約する一元化したプラットフォームへのアクセスが義務づけられるため、MOOCsの学習コンテンツ利

図1-17　中国の教育ポータルサイト『国家智慧教育公共服務平台』

個人アカウントへのログイン

初等・中等教育

職業教育

高等教育

入試、就職活動、卒業証明、留学などに関するサービスへのリンク

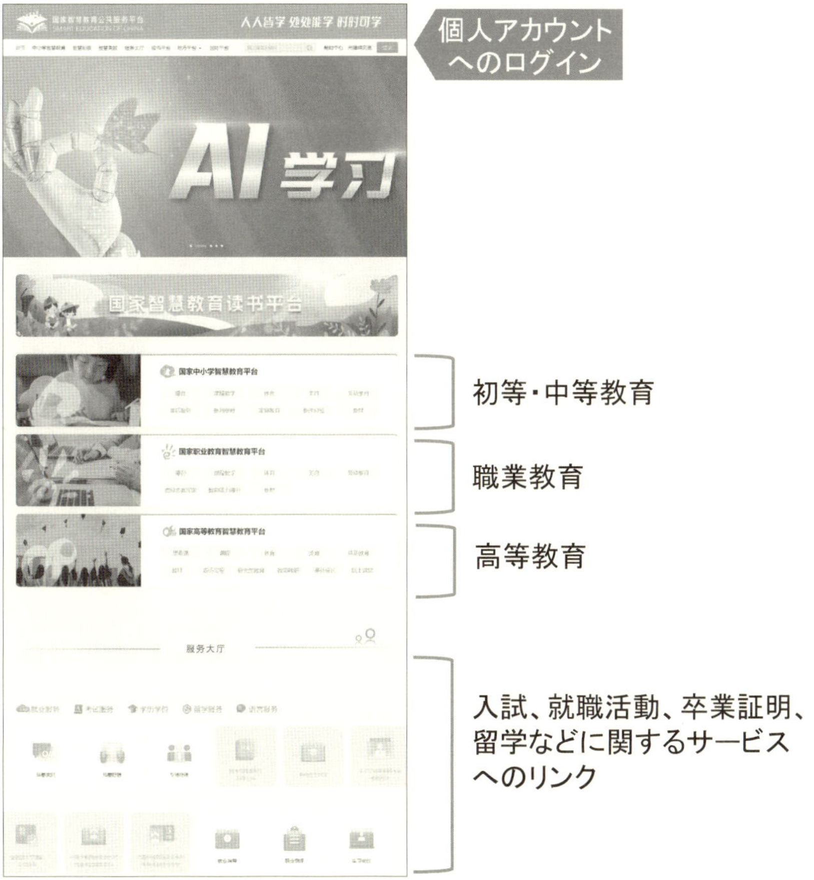

統合プラットフォーム上の教育リソースを利用するには、国民IDを登録してアカウントを作成することが求められる。

第一部　二十一世紀日本に求められる高等教育改革

用者数は、中国が世界首位となっています。

日本の遠隔教育とマイクロクレデンシャル

　国内では通信制大学は44校存在し、放送大学を含めてすべて私立大学です。これらはオンデマンドおよびリアルタイムでの映像授業を行っています。在学生数は、2010年代を通じて22万人前後と大きな変化は見られませんが、18-22歳の在学生は増加傾向にあり、若年層への認知度が高まっていることが窺えます。遠隔教育の強みは、地域や経済状況、年齢や就業状況などの制約条件に影響されにくく、教育を必要としている人に届けることが容易である点にあります。しかしながら、私立大学通信教育協会[38]の分析によると、単純な人口比を考慮しても、大学の所在地は関東に偏っており、また正課生のうち海外居住者は１％に満たない程度です。遠隔地からの参加が容易であるという強みを生かし切れていない現状が窺えます。

　全体的な認知度の不足に加えて、日本における課題として学習歴デジタル資格証明書と、その中身を定義するフレームワーク普及の遅れがあります。学習歴がデジタルウォレット[39,40]でもち運べたり、あるいは中央集権的データベース[41,42]に保管されていれば、どこでどのような手段で行った学習の履歴であっても他者に対して証明したり、次の学習や資格取得につなげることができます。職業スキルや先端技術の履修証明のように、その分野内で質保証が通用すればよい学習歴の証明に関しては、デジタルバッジに学習内容を電子的に書き込むアメリカ合衆国発の方法が利用できます。これに対し、より上級の高等教育機関に進学したり、履修歴を異なる分野や国に対して証明する必要がある場合、国際通用性が保証されている学術資格へと単位を積み上げること（図1-18）が有効です[43]。学士や修士などの学位は国際通用性の保証された資格であり、オンライン授業での学習歴や習得を積み上げた資格を単位互換等して、学位取得に役立てるためのさまざまな制度[44]が存在します。

　韓国には、さまざまな機関が提供する短期の学習歴をまとめて生涯学習口座[45]に蓄積し、それらを積み上げることで学士の学位（大学の学部を卒業し

70

図1-18 学術学位へと積み上げ可能な学習歴

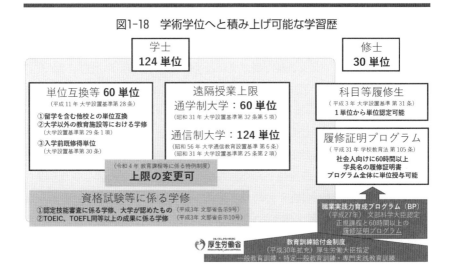

たのと同等）を取得することができる単位銀行制があり、年間68,000人に学位を授与しています。インドも生涯学習口座の整備に乗り出しており（2019年より）、さまざまな高等教育機関で取得した単位をまとめて、学位を取得することができる体制が整備されつつあります[46,47]。

第3節 社会人の学び直しの推進

産業構造および人口構造の転換、および社会のグローバル化に対応し、生涯学習の必要性が主張されてから半世紀以上がたちます。世界的には1960年代に欧州委員会、UNESCO（国際連合教育科学文化機関）、経済協力開発機構（OECD）で議論されました。わが国においては中央教育審議会答申[48,49]で生涯教育への言及があり、臨時教育審議会答申（1987）[50]では、「生涯学習体制の整備」が教育改革の筆頭の大項目として設定されています。しかしながら、日本の成人の学習参加率は低く、とりわけ大学型正規教育への参加率は2％前後とOECD加盟国内最低であり、教育機会提供の柔軟性も最低レベ

第一部　二十一世紀日本に求められる高等教育改革

ルと評価されています[51, 52]。

「生涯学習」は近年導入された概念ではない

　わが国の停滞はなぜ生じたのでしょうか。「生涯教育」「生涯学習」という概念が国内に受け入れられた際に、社会教育の側面が強調され、職業教育や訓練の側面の軽視が主要な要因の一つと考えられます。そもそも、日本の学術高等教育は、職業教育との接点に乏しいという特徴があります[53]。高等教育機関で長期間学修し研究を行ってきた学生は、職業能力に乏しいとみなされる傾向もあります。2020年の時点で企業の研究者のうち博士号をもつ人は4.3％に過ぎず、2010年半ばから伸びていません[54]。修士号や博士号を取得した人材は、アカデミック・ポスト以外にも通用する職業的スキルや、起業に必要な知識、学者以外のロールモデルを与えられていませんでした[55]。とくに就業が困難な人文・社会科学系を中心に博士号取得者は減少の一途をたどり、研究力や大学の世界ランクも凋落しています（表1-18　p.59）。大学院で学習を続けても見返りが期待できなければ、就職後に高等教育機関で学び直しをしようとする人の割合が極端に少ないのも当然でしょう。

経済および研究力回復のカギとなる職業教育とリカレント教育

　経済的な発展を維持する上で、職業教育へのウェイトの低さが阻害要因となる可能性が以前より指摘されてきました[53]。OECD諸国の比較（2006年）では、一人当たりGDPが高い国では、高等学校レベルでの職業訓練コースへの進学者の割合が、普通科進学者のそれと比較して高いことが明らかになっています。日本では対照的に、普通科進学者の割合は年度によらず75％前後と高く、これは経済的な優位性がまだ保たれていた当時においては例外的な値でした。近年では、一人当たりGDPは加盟38カ国21位でG7内で最下位（2022年時点）であり、経済格差指標（ジニ係数）はOECDの平均をわずかに上回る程度に留まっていますが、貧困率は2021年に35カ国中6位と、先進国中最悪となりました[56]。成人における高等教育修了率と就業率は依然と

第3章　SDGsの実現に貢献する高等教育

して高値であるにもかかわらず、労働に対する十分な対価が得られていないことが窺えます[52]。

　リカレント教育に対する阻害要因として指摘されてきたのが、「新卒一括採用」という日本の伝統的な就労慣行です。高等学校卒業後、高等教育への進学者のうち72％が四年制大学に進学しています（2023年）。大学生は卒業する以前より就職活動をはじめ、卒業前に大企業もしくは官公庁への内定を獲得することをめざします。それに対応して雇用者側は、学生の修得した専門的スキルについて関心が薄い傾向があります。若者にとっても、「教育が労働にとって役立つスキルを与えてくれた。」という認識が非常に乏しいのです。これらの状況が、同じ大企業に居続けることで昇進し、賃金が上昇するメンバーシップ型雇用に基づく四年制大学卒男性の典型的ライフコースと表裏一体でした。

　世界的には、デジタルプラットフォームや資格証明の普及によって、必要とする人すべてに生涯学習の機会を届けるための体制が作られつつあります（図1-19）。どのようなシステムが利用しやすいかは、その社会で職業訓練に対して責任をもつステークホルダーが誰であるかと対応しています[57,58]。スキル形成システムのモデルと対応づけて分類しました。

　ヨーロッパや中国にみられるように、職業教育に関して国家の関与度が高い国では、トップダウンで教育の資格枠組を決定したり、中央集権的なデータベースを用いたりすることにより、就学歴や単位取得歴を管理し、利用させることができます。対極に位置するのがアメリカ合衆国で、トップダウンで職業教育と学術教育を横断する枠組を決めることが困難である一方、ジョブ型で自由競争の労働市場が存在します。伝統的な教育の枠組にとらわれず、その時の社会にとって必要と判断された教育・訓練のコンテンツが流通しています。これらに対して、日本や韓国のスキル形成システムは「大企業モデルが強い」といえます。大企業モデルは分断主義（セグメンタリスト）モデルともよばれ、学校は普通教育を、職業教育は就職後の企業内の教育訓練によって行う、という分断が顕著です。労働市場は自由主義的ではなく、職業

第一部　二十一世紀日本に求められる高等教育改革

図1-19　スキル形成システムの違いとデジタルクレデンシャルプラットフォームの設計

		国家主導モデル スウェーデン、フィンランド フランス、中国	コーポラティストモデル (国家—企業連携) ドイツ、デンマーク
職業教育・訓練への 公的コミットメント	高	資格枠組 (QF) 学習歴の中央集権的管理 (マクロ中心、マイクロも付加)	
	低	リベラルモデル (個人主義短期適応型) 米国、英国、カナダ、アイルランド、オーストラリア、ニュージーランド、香港 デジタルバッジ w, w/o 資格枠組 (マイクロ中心)	大企業モデル (学校教育＝一般教育、企業内教育＝職業教育 の分断) 日本、韓国 学術単位銀行 (マイクロの積み上げ➡マクロ)
		低	高
		企業内の初期職業教育・訓練への関与	

スキルに応じて仕事を割り当てたり、報酬を上げたりすることは困難です。企業内研修は、かつては８割の企業が実施していました。しかしながら現在では、６割以上の企業が教育訓練を実施していないというデータ[59]があります。また、中小企業では実施率は低く、正社員向けに偏っています。一方、職業トレーニングの体系を政府が決めて提供するという管理体制にも限界があります。

　結果として、新しく求められる職業トレーニングを整備したり、評価したりする体制が欠落しており、学修歴を管理し、その就業とのマッチングを行うデジタルプラットフォームの整備も大きく立ち遅れています。日本でも大企業モデルは力を失いつつあり、終身雇用は期待できなくなりつつあります。就業率は高いままで維持されているものの、非正規雇用の増加と、職能に応じた評価と給与上昇の仕組が整っていないことが、所得の全体的な低下と経済格差の増大を生じさせています[52]。

第3章　SDGsの実現に貢献する高等教育

地域と分野の特性に合った学習プログラムとその履修証明を設計する

　教育訓練や教育の枠組の設定にトップダウンな統制を行うことが難しいこと、一方で雇用慣行が自由主義的ではない、というねじれが、誰も職業教育の方向性に責任を取らないという状況を生じさせてきたことを述べました。それでは、高等教育の側からこのような状況を転換させる鍵はあるのでしょうか。

　四年制大学の卒業者は大都市圏に集中しており、卒業者の多くは大企業や官公庁への就業をめざします。こうした職場はリカレント教育に資金援助をすることができますが、労働時間の長さや、柔軟性に欠ける教育プログラムのために、就労中の成人がリカレント教育に参加できる余地は限られます。参加する場合も、非教育機関の提供する研修コースが選択されることが一般的です。もし高等教育機関が社会に必要とされる問題解決のプログラムを開発し、デジタル化の助けを借りて柔軟に提供するならば、「学び直し」の選択肢として選ばれやすくなることが期待されます。「社会に届ける」という目的を見据えたプログラム設計が求められます。従来の大学向けのコンテンツを外形のみMOOCsに乗せ換えても、教員の負担をいたずらに増やすだけになってしまいます。

　専門職大学、専門職大学院、専修学校は就業と結びつきが強い教育プログラムをもっています。専門学校卒業者はジョブ型で就職し、早期に離職する傾向があります。専門学校や短期大学の卒業者は、独立志向や専門化志向が強いほど離職率が高いことが指摘されています[60]。こうした若者たちは、マイクロクレデンシャルを活用したリスキリング・アップスキリングの教育プログラム設計に適合する対象です。

　地方大学では、他種の教育機関や地場産業、自治体とコンソーシアムをつくり、地域クレデンシャルの発行や、就業支援プログラムを展開している例があります。スキル形成システムとして大企業の関与が少なく、高等教育機関の提供する教育コンテンツに職業教育・訓練としての期待が多く寄せられる現場であり、マイクロクレデンシャルやMOOCsを活用した学び直しの場として親和性が高いと考えられます。学位のように長期間固定化した教育プログ

75

ラムとしないことで、現場の課題解決を目標とする創発的な授業内容や研究
開発につなげることが期待されます。これは、欧州委員会がマイクロクレデン
シャルを通じて高等教育に期待する役割とも合致します（pp. 60-64）。学習者
が、どのようなスキル／コンピテンシーを身につけたかを、部外者にも分かり
やすいように分類し、デジタル資格証明を付することによって、その学習プロ
グラムの一般社会に対する可視化にも役立つものと期待されます。

《注》
⑴　中央教育審議会（2018）『2040年に向けた高等教育のグランドデザイン（答申）』
　　https://www.mext.go.jp/content/20200312-mxt_koutou01-100006282_1.pdf
⑵　文部科学省（2002）持続可能な開発のための教育　https://www.mext.go.jp/
　　unesco/004/1339970.htm
⑶　三宅なほみ（監訳）P. グリフィンほか（編集）（2014）『21世紀型スキル：学び
　　と評価の新たなかたち』北大路書房
⑷　総務省（2015）『インテリジェント化が加速するICTの未来像に関する研究会
　　報告書 2015』http://www.soumu.go.jp/main_content/000363712.pdf
⑸　日本経済新聞（2015）ムーアの法則　考案者が語った長期継続の理由と未来
　　https://www.nikkei.com/article/DGXMZO84877180W5A320C1000000/
⑹　Wetterstrand, K.S.（2023）DNA Sequencing Costs: Data, National Human
　　Genome Research Institute. https://www.genome.gov/about-genomics/fact-
　　sheets/DNA-Sequencing-Costs-Data
⑺　WIRED（2024）全ゲノム解析が万人のための医療の基礎となる――特集
　　「THE WORLD IN 2024」https://wired.jp/article/genome-sequencing-is-basic-
　　healthcare/
⑻　水達哉（2023）ヒト全ゲノムを10分以内で解析 順天堂大などがIAプロセッサー
　　搭載機用ソフト　日経クロステック／日経コンピュータ　https://xtech.nikkei.
　　com/atcl/nxt/news/18/15890/
⑼　Kurzweil, R.（2005）The Singularity Is Near: When Humans Transcend Biol-
　　ogy. Loretta Barrett Books　日本語訳本（2012）『シンギュラリティは近い―
　　人類が生命を超越するとき』井上健（監訳）NHK出版
⑽　Altman, S.（2023）Planning for AGI and beyond. Open AI https://openai.

第3章　SDGsの実現に貢献する高等教育

com/index/planning-for-agi-and-beyond/

⑾　Altman, S.（2024）The Intelligence Age. https://ia.samaltman.com/

⑿　総務省（2023）ICT分野における国内外の主要企業の研究開発の動向　令和5年版　情報通信白書　https://www.soumu.go.jp/johotsusintokei/whitepaper/ja/r05/html/nd241540.html

⒀　高須正和（2016）『メイカーズのエコシステム　新しいモノづくりがとまらない』インプレスR&D p. 151

⒁　World Intellectual Property Organization（WIPO）（2024）Patent Landscape Report - Generative Artificial Intelligence（GenAI）https://www.wipo.int/web-publications/patent-landscape-report-generative-artificial-intelligence-genai/en/index.html

⒂　Pedró, F., et. al（2019）Artificial intelligence in education: challenges and opportunities for sustainable development. UNESCO

⒃　UNESCO IIEP（2022）SDG-4 : Flexible learning pathways in higher education — from policy to practice: an international comparative analysis. https://unesdoc.unesco.org/ark:/48223/pf0000383069

⒄　European Commission（2021）The European Pillar of Social Rights: turning principles into actions. https://ec.europa.eu/commission/presscorner/detail/en/ip_21_820

⒅　European Commission（2021）The European Pillar of Social Rights in 20 principles. https://ec.europa.eu/social/main.jsp?catId=1606&langId=en

⒆　European Commission（2024）ESCO https://esco.ec.europa.eu/en

⒇　The European MOOC Consortium（2022）. EMC common microcredential framework.　https://emc.eadtu.eu/images/EMC_Common_Microcredential_Framework.pdf

㉑　BadgEurope Consortium BadgEurope Toolkit - Digital Badges and Credentials. https://badgeurope.eu

㉒　RALExILA Providing an Efficient Model for Adult Learning and Education Registries. https://ralexila.eu/

㉓　Council Recommendation on promoting automatic mutual recognition of qualifications and learning periods abroad - European Education Area https://education.ec.europa.eu/education-levels/higher-education/inclusive-and-

77

connected-higher-education/automatic-recognition-of-qualifications

⑷ Recognition Tools and Projects - ENIC-NARIC https://www.enic-naric.net/page-recognition-tools-projects

⑸ Automatic recognition - European Commission https://single-market-economy.ec.europa.eu/single-market/services/free-movement-professionals/recognition-professional-qualifications-practice/automatic-recognition_en

⑹ 経済協力開発機構（著、編集）ほか（2022）『高等教育マイクロクレデンシャル—履修証明の新たな次元』明石書店

⑺ European Education and Culture Executive Agency（European Commission）, Den Hertog, P., Wylie, N., Widger, L., Brande, L.V. den, Schoerg, K., & Beyer, A.（2024）A European maturity model for micro-credentials in higher education: whitepapers and guidelines for a strategy workshop, Publications Office of the European Union https://data.europa.eu/doi/10.2797/473787

⑻ Kosslyn, S.M., et al（2017）Building the Intentional University: Minerva and the Future of Higher Education第 1 版, MIT Press

⑼ 山本秀樹（2018）『世界のエリートが今一番入りたい大学ミネルバ』ダイヤモンド社

⑽ Dziuban, C., Picciano, A.（2015）The evolution continues: Considerations for the future of research in online and blended learning. In Research Bulletin, ECAR

⑾ Gallagher, S.R., Oblinger, D.G.（2016）The Future of University Credentials: New Developments at the Intersection of Higher Education and Hiring. Harvard Education Press

⑿ Young, J.R.（2013）Beyond the MOOC Hype: A Guide to Higher Education's High-Tech Disruption. The Chronicle of Higher Education

⒀ Patra, S.（2024）Massive List of MOOC-based Microcredentials—Class Central, The Report by Class Central. https://www.classcentral.com/report/list-of-mooc-based-microcredentials/

⒁ Nelson, C.（2016）Continued growth in accessibility of AACSB-accredited online degrees, AACSB Data and Research Blog. https://aacsbblogs.typepad.com/dataandresearch/2016/10/continued-growth-in-accessibility-of-aacsb-accredited-online-degrees.html

(35) Boston University (2023) Online Master of Public Health (MPH) degree, School of Public Health. https://www.bu.edu/sph/education/degrees-and-programs/online-master-of-public-health/

(36) University of London (2023) Online BSc programmes from the University of London, Undergraduate programmes online. https://requestinfo.onlinecourses.london.ac.uk/

(37) UNESCO (2023) Smart Education Platform of China: Laureate of UNESCO Prize for ICT in Education. https://www.unesco.org/en/articles/smart-education-platform-china-laureate-unesco-prize-ict-education

(38) 大学通信教育の現状（データ集）公益財団法人　私立大学通信教育協会 https://www.uce.or.jp/about/data/

(39) Credly by Pearson. Digital Credentials & Verified Skills Transform the Talent Marketplace. https://info.credly.com

(40) CANVAS Badges. Welcome to Canvas Badges! https://badgr.com/auth/welcome

(41) European Union (2023) Europass Take the next step. https://europa.eu/europass/en

(42) K・MOOC 자료실 (2022) National Institute for Lifelong Education. https://www.kmooc.kr/edubank

(43) Academic Bank of Credits National Government Services Portal https://services.india.gov.in/service/detail/academic-bank-of-credits-1

(44) 単位積み上げ型の学士の学位授与制度　独立行政法人　大学改革支援・学位授与機構　https://www.niad.ac.jp/n_gakui/tsumiage/degree_awards_system/

(45) National Institute for Lifelong Education (2023) Online lifelong learning portal. https://www.lifelongedu.go.kr/main.do

(46) Jain, R. (2019) Concept on National Academic Credit Bank (NAC-BANK). University Grants Commission. https://www.ugc.gov.in/pdfnews/2656827_NAC-BANK.pdf

(47) Kennedy, J.J. (2024). New academic credit system needs all institutions aboard. The New Indian Express https://www.newindianexpress.com/opinions/2024/Jan/10/new-academic-credit-system-needs-all-institutions-aboard-2649830.html

(48) 中央教育審議会（1971）今後における学校教育の総合的な拡充整備のための基本的施策について（答申）（昭和46年６月11日）https://www.mext.go.jp/b_

menu/shingi/chuuou/toushin/710601.htm

⑷ 中央教育審議会（1981）生涯教育について（答申）（昭和56年 6 月11日）
https://www.mext.go.jp/b_menu/shingi/chuuou/toushin/810601.htm

⑸ 臨時教育審議会（1987）教育改革に関する第 4 次答申（全文）文部時報 1327
pp. 8-49

⑸ Desjardins, R.（2020）PIAAC Thematic Report on Adult Learning. OECD
Education Working Paper. 223

⑸ OECD（2021）Creating Responsive Adult Learning Opportunities in Japan.
https://www.oecd.org/en/publications/creating-responsive-adult-learning-
opportunities-in-japan_cfe1ccd2-en.html

⑸ 本田由紀（2009）『教育の職業的意義：若者、学校、社会をつなぐ』筑摩書房
pp. 103-110

⑸ 科学技術・学術政策研究所（NISTEP）（2021）科学技術指標2021 https://www.
nistep.go.jp/research/science-and-technology-indicators-and-scientometrics/
indicators

⑸ 岩波書店編集部編（2021）『アカデミアを離れてみたら：博士、道なき道をゆく』
岩波書店

⑸ 大山典宏（2023）日本の相対的貧困率、米韓にも抜かれ先進国最悪に Wedge
ONLINE（ウェッジ・オンライン）https://wedge.ismedia.jp/articles/-/30798

⑸ 佐藤厚（2021）日本ではなぜリカレント教育が普及しないのか？：日本とスウェー
デンの比較から 法政大学キャリアデザイン学部紀要 18 107-146 https://
cdgakkai.ws.hosei.ac.jp/wp/wp-content/uploads/2021/05/gb202003.pdf

⑸ Busemeyer, M., Trampusch, C.（2012）The Comparative Political Economy
of Collective Skill Formation. In The Political Economy of Collective Skill
Formation. Oxford Academic pp. 3-38

⑸ 厚生労働省 平成29年版 労働経済の分析 ―イノベーションの促進とワーク・
ライフ・バランスの実現に向けた課題― https://www.mhlw.go.jp/wp/hakusyo/
roudou/17/dl/17-1-2.pdf

⑹ 堀有喜衣ほか（2022）『日本社会の変容と若者のキャリア形成』独立行政法人 労
働政策研究・研修機構 https://www.jil.go.jp/institute/project/series/2022/05/
index.html

第二部

多様なニーズに対応する
質マネジメント

第二部　多様なニーズに対応する質マネジメント

　二十世紀までの大学は「象牙の塔」と揶揄された言葉が象徴するように、「日常の関心事や普通の人々の詮索の目を超えた高尚で崇高な雰囲気の中で運営される世界」という考えが根づき、共同体として「大学の自治」が尊重されていました。営利に汲々とする世間を横目に、真理の追究など脱俗的な活動から産まれる成果が、社会の発展に貢献するものと信じられていました。

　しかしながら、高等教育の果たすべき使命が多様となり、新たな時代に突入しています。この使命の多様化に対応するためには、それぞれの使命に対応できるマネジメントが不可欠です。具体的には、高等教育機関の組織や行動の変革が求められます。この変革とは、今までより一層、アクター（行為主体）として一体性をもつことであり、その前提として、合理的な組織としての性格を強めることです。グローバル化とデジタル化の急速な進展にともなって、高等教育と社会との接続が重要視されるようになっています。その結果、高等教育によって修得されるスキルと社会が必要とするそれとの間の「スキル・ギャップ」が深刻となっています（第一部　第1章　第2節　pp. 9-19）。今や、社会と高等教育（大学のみならず職業教育も含めた専門職高等教育）の一体化が国全体の経済状況をも左右しかねない事態に至っています。

　このような変革とともに、多くの先進国では高等教育が大衆化の段階に達しており、わが国では、18歳人口のうち8割以上が大学や専修学校専門課程（専門学校）などの高等教育機関に進学しています。高等教育機関は、高等学校卒業者を対象とした教育だけではなく、社会人を対象としたリスキリング・リカレント教育の実施も求められ、この比重が急速に高まっています。このように、多様なキャリア・パスを経た人たちの教育に責任をもつ高等教育機関は、二十世紀までの伝統的な「知識・技能伝承の教育」から脱却して、二十一世紀社会を生き抜くための「ファシリテート能力涵養の教育」への変革が必要となっています（p. 21）。各教育機関には、この変革に対応できる「質マネジメント」が求められます。

　「質マネジメント」という言葉は、あまり聞きなれない言葉かもしれませんが、質管理、質向上および質保証のプロセスをまとめて「質マネジメント」

とよびます。この第二部では、「質マネジメント」が強調されるようになった歴史的経緯と教育機関が実施すべき質マネジメントの概要を解説（第1章）します。その上で、質管理と質向上（第2章）と質保証（第3章）に分けて議論します。「質管理と質向上」は、教育機関自身の責任で実施されるべきものです。「質保証」は、教育機関自身による内部質保証に加えて外部者（第三者）による質保証が必要です。また、第2章では、グローバル化に対する国際戦略の観点から、個人が有する多様な資格（学位、称号、職業資格など）の国際通用性を議論します。

第二部　多様なニーズに対応する質マネジメント

第1章

持続可能な質競争

　アメリカ合衆国の社会学者マーティン・トロウ[1]が提唱した高等教育発展過程モデルによれば、進学率が50％を超えると大学は「ユニバーサル段階」に到達し、教育の目的観や機能そして社会と大学との関係が、以前とは異なることになります（表2-1）。

表2-1　高等教育の発展過程にともなう変化

段　階	エリート型	マス型	ユニバーサル型
機　　会	少数者の特権	相対的多数者の権利	万人の義務
目的観	人間形成・社会化	知識・技能の伝達	新しい広い経験の提供
主要機能	エリート・支配階級の精神や性格の形成	専門分化したエリート養成＋社会の指導者層の育成	知識社会に適応しうる国民の育成（21世紀型市民）
主な教育方法・手段	個人指導・師弟関係重視のチューター制・ゼミナール制	非個別的な多人数講義＋補助的ゼミ、パートタイム型コースなど	通信・TV・コンピュータ・教育機器等の活用（遠隔授業、MOOCsなど）
教育機関の特色	同質性（共通の高い水準をもった大学や専修学校専門課程）	多様性（多様なレベルの水準をもつ教育機関、総合制教育機関の増加）	極度に多様性（共通の一定水準の喪失、「標準」そのものの考え方が疑問視）
社会と大学の境界	明確な区分閉じられた大学	相対的に希薄化開かれた大学	境界区分の消滅大学と社会との一体化

Trow, M.の文献[1]を参考に筆者が作成

84

第1章　持続可能な質競争

　日本の大学は1970年代末にユニバーサル段階に達しました。2021年の高等教育への進学率（18歳人口に対する割合）は83.8％で、その内訳は、大学54.9％、専修学校専門課程（専門学校）24.0％、短期大学4.0％、高等専門学校4年次在学生0.9％でした[2]。今や、若者の半数以上が大学に進学し、8割以上が高等教育を受けています。このような高等教育進学率の上昇は、学生の資質やニーズの多様化とそれに対応した高等教育の機能分化の必要性を示唆しています。したがって、機能分化した多様な教育機関の「質競争」によって、個性化が図られるわけですから、「個性化競争」と言い換えることができます。

　組織社会学の学説史には、大学の概念として、コラム2-1のような記述があります。すなわち、大学は、世間離れしていて、教授たちが、各自の理念に基づいて教育研究を進める緩やかな共同体と考えられていました。手厳しい評言ではありますが、まさにエリート型の「社会と明確に区別された閉じられた大学」が表現されています。

コラム 2-1

高等教育論研究者[3]の大学論
・大学は、その独特の目的や構造から、企業や官庁などとは異なる**非合理的**な組織である。
・大学は「**学者の共和国**」であり、「ゆるやかな結合」による「組織化された無政府状態」にあり、無秩序な「ゴミ箱的」意思決定をする組織である。

　第二次世界大戦以降、大学への進学が増加するのは国際的趨勢で、多くの国で、進学率が50％を超えユニバーサル段階に達しました。さらに、社会全体の変革にともなう高等教育の社会における役割の大幅な変化に対応して、多くの先進国は、二十世紀末から高等教育の変革に迫られました。

　一握りのエリートが大学に進学していた時代では、大多数の一般人には、大学で何が教えられ、何が研究されているかは、ほとんど関心のないことで

した。しかしながら、社会の高度化にともなって高等教育の必要性が高まり、若者の大多数が学ぶ場となりましたから、教育の内容や水準、あるいは卒業（修了）後にどのような職業上のチャンスが期待できるのかなど、高等教育が一般人にとっても大きな関心事となりました。

　ユニバーサル段階では、高等学校新規卒業者の80％以上が高等教育に進学しますから、エリート段階と比較して、学生の学習歴やニーズ（教育に期待するものや目的観など）が極端に多様になります。さらに、知識や技術の日進月歩の進化が、高等教育の内容・方法にも多様化を求めています（表2-1）。説明責任（アカウンタビリティー）についても、多様なステークホルダーを想定した対応が不可欠となります。高等教育機関は、質情報を社会に発信して、社会からのフィードバックを分析して質向上に資する作業までが「質マネジメント」に含まれます（図2-1）。

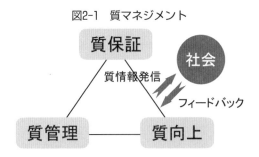

図2-1　質マネジメント

　先進国では、デジタル社会の到来にあたり、ハイテク部門を中心に高度専門人材への需要が高まっています。代表的な例はデータサイエンス分野の人材ですが、この分野に限らず、複雑化する現代の社会と世界の課題に対処するために、多くの分野で専門家（プロフェッショナル）が求められています。すなわち、人材需要は拡大するとともに、高度化しています。それに照応して、人材育成に責任をもつ高等教育への期待も拡大・高度化しなければなりません。

第1章　持続可能な質競争

　高等教育が社会から注目される第二の要因は、第一部で言及しましたように、すでにあるキャリアをもった社会人のリスキリング・リカレント教育への貢献です。デジタル社会は急速に進化しますから、人生100年時代を生き抜くためには、自らの知識・技能を絶えずアップデート（キャリア・アップ）することが不可欠となります（図1-6　p. 31）。高等教育機関には、このアップデートへの貢献が求められます。

　このような観点から**高等教育と社会の一体化**が進み、高等教育機関には二十一世紀社会の方向性を視野に入れた**質マネジメント**に取り組む責任があります。社会と一体化された高等教育の第一のポイントである「質」あるいは「質保証」の概念の導入について概説します（第1節）。第二が学修成果・教育成果の質の競争（第2節）、そして第三が人材需要の変化を支える専門職人材育成（第3節）です。

第1節　高等教育に「質」「質保証」の概念の導入

　工業製品には「保証書」が添付されており、それをみて、消費者は製品を購入します。教育界で「質」や「質保証」が話題となるきっかけは、経済協力開発機構（Organisation for Economic Co-operation and Development, OECD）の科学技術委員会[4]（1980年代）における「教育の質保証（Quality Assurance of Education）」に関する議論です。この委員会は、「日本の工業の進歩から出てきた工業的質保証の形式が、教育にも有効である。」という認識をもっていましたから、国際的に汎用されている教育の質保証システムは、わが国の工業的質保証を雛型として構築されているともいえるかもしれません。

　自由貿易の促進を目的とした世界貿易機関[5]（World Trade Organization、WTO）は、公共性と関連して語られることが多かった高等教育を市場メカニズムの中で知識サービス産業（表2-2）と位置づけました（1994年）。すなわち、高等教育機関は多様な社会的要請を満たす公的サービス機関とし

87

第二部　多様なニーズに対応する質マネジメント

ての性格が強まったことを認識して、それに対応する質マネジメントが必要となっています。わが国では、高等教育を「市場」とは必ずしも認識していませんでしたが、学生を授業料によって高等教育を購買する消費者（顧客）と想定すれば、教育機関は「市場で競争する」という捉え方ができます。教育機関は、顧客獲得のために提供する教育その他のサービスを競い合うことになります。学生（消費者）は、複数の教育機関の適否を判断して修学先を決めます。したがって、教育機関には、自らの教育活動の質の管理、維持向上および質保証を実施することが求められ、それらの情報に基づいて、学生は修学先を選択することになります。

　工業的質保証の基本は、「製品が一定の規格の範囲内にあり欠点がない

表2-2　世界貿易機関（WTO）のサービス分類

1．実務サービス（6サービス分野）
2．通信サービス（5サービス分野）
3．建設サービス及び関連のエンジニアリングサービス（5関連工事）
4．流通サービス（5サービス分野）
5．教育サービス（5サービス分野）
A．初等教育サービス
B．中等教育サービス
C．高等教育サービス
D．成人教育サービス
E．その他の教育サービス
6．環境サービス（4サービス分野）
7．金融サービス（3サービス分野）
8．健康に関連するサービス及び社会事業サービス（4サービス分野）
9．観光サービス及び旅行に関連するサービス（4サービス分野）
10．娯楽、文化及びスポーツのサービス（5サービス分野）
11．運送サービス（9サービス分野）
12．いずれにも含まれないその他のサービス

http://www.mofa.go.jp/mofaj/gaiko/wto/service/gats_4.html

第1章　持続可能な質競争

（zero defects）」ことが中心となりますが、サービス産業の質保証では、「消費者の満足度」が重要な要素として加わります。教育については、ステークホルダー（利害関係者）は、学生やその家族、将来の雇用者、教職員、学校経営者、政策策定者など、非常に多種多様です。これらの多様なステークホルダーの「ニーズ」や「満足度」を視野に入れた質マネジメントが必要です。

　教育の質は、インプット（投入）、アクション（活動、プロセスともいいます。）、アウトプット（結果）、アウトカムズ（成果）など異なる次元（コラム2-2）から検証する必要があり、具体的内容の一部を表2-3に例示します。

コラム 2-2

次元の異なる教育の質
- **インプット**（投入）：教育活動を実施するために投入される**財政的、人的、物的資源**。
- **アクション**（活動）：教育活動を実施するためのプロセス。インプットを動員して特定のアウトプットを産み出すための**行動や作業**。
- **アウトプット**（結果）：インプットおよびアクションによって産み出される**数量的な結果**。
- **アウトカムズ**（成果）：教育活動の対象者に対する効果や影響も含めた結果。学修者が最終的に修得した**能力、知識、技能、態度など**。

　インプットは、アウトプットやアウトカムズを産み出すために投入される人的・物資源量、教育研究活動を円滑に実施するための制度や仕組み（インフラ）などです。教育機関では、教育研究組織、教育課程、開設授業科目、施設設備の整備、教員の資格、管理運営体制、財務状況などが主な指標となります。

　投入された資源、制度・仕組などのインフラを活用して、目的や目標の達成に向けて取り組む活動やその作業量がアクションです。授業方法・指導方法の工夫・改善および教員や学生の作業量・努力量などを中心とした教育活動の内容や実態などで、一般的には、講義、演習や実習などの教育活動に費やされる量などです。インプットとアクションは教育機関の潜在的能力の指

89

第二部　多様なニーズに対応する質マネジメント

表2-3　教育に関するインプット、アクション、アウトプットおよびアウトカムズの具体的内容

	インプット	アクション	アウトプット	アウトカムズ
学生の背景	入学試験の成績、性別など	提供される教育プログラム、サービスなど	学生の成績、卒業率、就職率など	学生が身につけた知識、スキル、能力など
教員の背景	教育組織、年齢、学位など	教員の教育負担、クラスサイズなど	授業回数、論文数、FD活動など	教員の能力改善、論文の引用数など
教育資源	施設設備、蔵書数など	教育目的、学則、管理運営体制など	設備の利用状況、FDやSDへの参加状況など	学生の学習、成長、成功など

標となります。教育機関の設置審査の対象はインプットとアクションです。

　アウトプットは活動によって産み出される生産物の量を示す用語です。たとえば、卒業した学生数、授与した称号や職業資格の数や授与率、就職率などの教育活動の結果として産み出された量が指標となります。アウトプットは、外形的な数値によって示されますから、その質や水準に関する情報は一般的には含まれていません。したがって、アウトプット自体では、学修成果があがったのかどうかの判断は難しくなります。アウトプットは、教育活動状況を示す指標として一定の有用性をもっていますが、教育活動の質の間接的な指標であり、これだけでは不十分で、次に説明するアウトカムズの情報が重要です。

　アウトカムズは、教育目標の達成状況を示すもので、量的な指標であるアウトプットとは異なる概念です。教育機関の目標に掲げている人材育成がアウトカムズの指標です。すなわち、アウトカムズが教育機関の教育能力を示す直接的な指標となります。

　高等教育の社会的使命が拡大するにつれて、利害関心をもつ人々や集団、

すなわちステークホルダーは多様化し、かつ増加しています。キャンパスで学ぶ学生とその家族を始めとして、将来の雇用主としての企業・団体、卒業（修了）生、高等教育政策と接点のある政府や地方自治体（政策立案者）、高等教育機関に期待する地域社会などがあげられます。留意すべきことは、ステークホルダーごとに利害関心が相異なり、それぞれの立場から教育の質を判断・期待することです。

　学生やその家族の関心事は、学修によって、どれだけの付加価値（学修成果）が期待できるかでしょう。また、学費の形で経済的負担を直接蒙る学生とその家族は、付加価値を修得するための費用対効果にも配慮が必要でしょう。高等教育機関には多額の公的資金が直接的あるいは間接的（たとえば、学生に支給される奨学金など）に投入されますから、政策立案者は、投入した経費がインプットやアクションへ適切に反映され、それに対する学生の満足度に注目するでしょう。教職員や学校経営者は、自校の特色をいかにアピールして、入学希望者を増やすことに注意を払うでしょう。いずれにしても、社会は、それぞれの教育機関において、どのような学修成果や教育成果が期待できるかという情報を求めています。

第2節　学修成果・教育成果の質の多元的競争

　学問研究の世界では、研究者個人が互いに研究成果で競争することは昔から続いてきました。競争が物事の改善に資することは自明のことで、「競争のないところに進歩はない。」という理解は、教育に携わる人の共通の感覚ではないでしょうか。しかしながら、高等教育機関同士が競い合うべきという考えが登場したのは、国際的にみても、1980年代から二十世紀末以後です。わが国では、おそらく2001年（平成13年）に、当時の遠山敦子文部科学大臣が発表した大学改革方針「遠山プラン」が最初でしょう（表2-4）。これは国立大学法人化の原点となった文書で、第三者評価システムの導入も明記されており、それ以後の高等教育政策や体制が、これに則して構築されてきたこ

第二部　多様なニーズに対応する質マネジメント

とが読み取れます。そこには大学に「競争原理を導入する。」と明記されており、教育機関間競争の考えがこのとき登場したと考えるのが自然でしょう。

表2-4　大学（国立大学）の構造改革の方針（通称「遠山プラン」）

1．国立大学の**再編・統合**を大胆に進める。
　〇各大学や分野ごとの状況を踏まえ再編・統合
　　・教員養成系など　→　規模の縮小・再編（地方移管等も検討）
　　・単科大（医科大など）　→　他大学との統合等（同上）
　　・県域を越えた大学・学部間の再編・統合など
　〇国立大学の数の大幅な削減を目指す
　　　　　　　→　スクラップ・アンド・ビルドで活性化

2．国立大学に**民間的発想の経営手法**を導入する。
　〇大学役員や経営組織に外部の専門家を登用
　〇経営責任の明確化により機動的・戦略的に大学を運営
　〇能力主義・業績主義に立った新しい人事システムを導入
　〇国立大学の機能の一部を分離・独立（独立採算制を導入）
　　・附属学校、ビジネススクール等から対象を検討
　　　　　　　→　新しい「国立大学法人」に早期移行

3．大学に**第三者評価による競争原理**を導入する。
　〇専門家・民間人が参画する第三者評価システムを導入
　　・「大学評価・学位授与機構」等を活用
　〇評価結果を学生・企業・助成団体など国民、社会に全面公開
　〇評価結果に応じて資金を重点配分
　〇国公私を通じた競争的資金を拡充
　　　　　　　→　国公私「トップ30」を世界最高水準に育成

　わが国の高等教育では、行政（国家や地方自治体）による規制が、先進諸国と比較して、強くなっています。具体的には、大学（専修学校）設置基準などによる新規参入の制限です。大学（専修学校）の新設や学科などの改編には、大学（専修学校）設置基準などの審査が義務づけられています。法令

第1章 持続可能な質競争

による教育機関立地制限も同様の効果をもちますし、学生定員管理もきわめ
て厳格です。国立大学の入学金や授業料についても、文部科学省によって標
準額が定められおり、基本的には、すべての国立大学が同じ金額です（最近、
ある範囲で大学が決めることができるようになりました）。このような事情
から、日本では教育機関間競争の主要部分は、予算や補助金などの公的資源
の獲得をめぐる競争です。この競争も、自由に展開する条件が整っていると
は言い難い状況で、教育機関間の固定的な格差が、健全な競争の阻害要因と
なっています。

　日本の大企業の製品は品質、量や形が均一なものを大量生産することがこ
れまでの常識であり、消費者もそれを求めてきました。したがって、わが国
は「競争」というと価格競争が重視されていましたが、単なる値引きによる
価格競争は「附加価値」を毀損してしまいます（コラム2-3）。これが、日本
経済の国際的な地位が低下（pp. 4-5）する要因の一つとなっているものと
思われます。競争は、品質やサービスなどの非価格競争であるべきです。消
費者は、製品がもっている付加価値を見定めることが重要です。

コラム 2-3

日本経済では、価格競争ではなく、**品質やサービスの非価格競争**を
高等教育では、**学修成果・教育成果の質の多元的競争**を。

　これを高等教育に置き換えると「学修成果・教育成果の質の多元的競争」
といえます（コラム2-3）。学修成果や教育成果は、学生一人ひとりあるいは
教育機関によって目標が異なりますから、一元的な競争ではなく多元的な競
争になります。もちろん、インプットやアクションも質を判断する因子とは
なりますが、アウトカムズ（学修成果と教育成果）が最も重要な要素です。
学修成果とは学修の結果もたらされる個人の変化や利益を意味しており、そ
の主体は学生個人です。各授業科目で学生が学習した成果は、成績（＝学習
成果）として評価されます。教育プログラムは、それらの授業科目群の体系
的積み上げによって形成されています。このプログラム修了時に修得できる

93

成果が「学修成果」です。授業で得られるものだけではなく、正課以外の関連活動、さらに教育機関とは直接関係のないさまざまな学習活動や経験も、学生個人の成長を促す要因となります（図2-2左図）。二十一世紀社会で活躍するためには、一人ひとりの学生が自らの学びの成果（学修成果）として身につけた資質・能力を自覚し、活用できることが重要です。学生が、その学修成果を自ら説明し、社会の理解を得ることも必要です（コラム2-4）。残念ながら、わが国の現状（とくに多くの高等教育機関）では、学生は「卒業（修了）時の学修成果（身につけた能力)」には、あまり目を向けていません。学生の関心事は、入学試験の難易度（偏差値）、取得できる職業資格あるいは就職先＝企業名です。

教育機関が主体となる「教育成果」は、学生個人ではなく集団を評価対象として、高等教育機関（あるいは教育プログラムなど）に対する評価に資す

図2-2　学生の学修成果（左図）と教育機関の教育成果（右図）

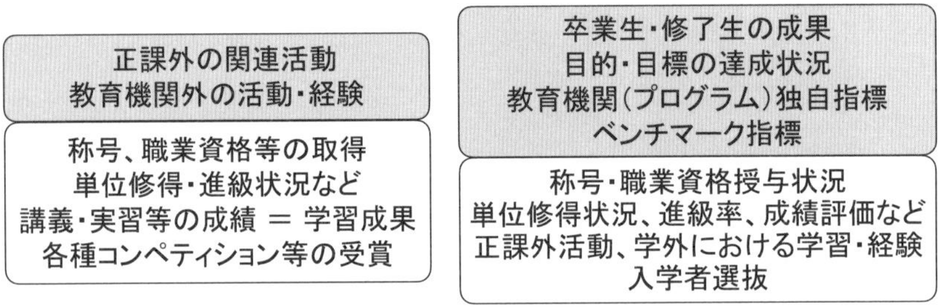

正課外の関連活動 教育機関外の活動・経験	卒業生・修了生の成果 目的・目標の達成状況 教育機関（プログラム）独自指標 ベンチマーク指標
称号、職業資格等の取得 単位修得・進級状況など 講義・実習等の成績 ＝ 学習成果 各種コンペティション等の受賞	称号・職業資格授与状況 単位修得状況、進級率、成績評価など 正課外活動、学外における学習・経験 入学者選抜

コラム 2-4

二十一世紀社会で活躍するために求められる能力は、
① 自らの**将来ビジョンをもち、**
② 学修成果として身につけた**資質・能力を自覚し、**
③ それらを**活用**できる。
④ 学修成果を自ら**説明**し、社会の**理解を得る**ことができる。

第1章 持続可能な質競争

ることを目的とします。したがって、学生個人個人の学修成果を集積するだけではなく、卒業生・修了生の活躍状況（成果）、目標に掲げた資質・能力を備えた学生を育成できていること、教育機関の立ち位置に関する情報なども発信する必要があります（図2-2右図）。教育成果を測定する指標としては、それぞれ教育機関の歴史・理念・価値観などに基づいて、教育機関が独自に定める測定指標（独自指標）やプログラムごとに定める測定指標、および教育機関間の相対評価を可能とする標準・共通的指標（ベンチマーク指標）が必要です。これまで教育の世界では、独自指標に関する情報を優先し、ベンチマーク指標に関する情報に関してはマスコミなどに頼る傾向がありましたが、教育機関が社会から信頼を得るためには、基本的な指標（ベンチマーク指標も含めて）は比較・公開が原則です。

第3節　人材需要の変化を支える専門職人材育成

　日本の高等教育機関の大部分では、高等学校卒業者を入学させて、基礎的な知識・技能を教育することが主目標で、新規学卒者一括採用によって、人材を輩出してきました。そして、実務とつながる専門職教育は企業内教育訓練が中心でした。この状況は、わが国の伝統的な雇用システムと関係があります。わが国の雇用システムの特徴は、長期雇用制度（終身雇用制度）、年功賃金制度（年功序列制度）および企業別組合の組み合わせで、新規学卒者一括採用が主流となっていました。これは「メンバーシップ型」とよばれ、企業の文化・社風にあった「ポテンシャル」を重視して採用を行い、企業内教育訓練を通じて、企業固有の知識・技能を獲得させ、その企業内での成長を期待するものです[(6,7)]。高等教育もこの雇用システムに順応して、学生は「どこの会社に入社しようか。」という意識で行動して、「職務」という意識は希薄となっています。

　これに対して、欧米諸国のシステムは、具体的な職務を前提として人事を行う「ジョブ型」で、人の能力や適性を評価し、その職務に最適任の人を雇

第二部　多様なニーズに対応する質マネジメント

用します[6,7]。その職務が必要なくなれば、その人は、その能力を正当に評価してくれる別の職場に移ります。欧米社会は、それぞれの人々が「何ができるのか」という能力中心の考え方で動いています。

　日本でも最近、伝統的なメンバーシップ型からジョブ型への変革が進んでいます。この変革には、いくつかの要因があります。第一に、デジタル社会の急速な進展にともなう技術革新の速さや社会環境の変化に対応するために、長い人生の間には複数回の「学び直し」による「これまでの知識やスキルのアップデート」や「新しい知識やスキルの修得」が不可欠となっています（図1-6　p. 31）。このような状況を示唆するデータが多数見られます。正規雇用として採用された初職から一度も退職することなく「終身雇用」の道を歩んでいる（退職経験がない）男性は、2016年末時点で、30歳代後半42%、40歳代38%、50歳代前半36%に過ぎないという調査結果があります[8]。また、中高年人材（40歳以上）の転職も、2019年には１万人を超える見通しで、６年前の３倍に達しています[9]。デジタル技術を駆使したグローバルレベルの競争には生き残れないという危機感から、人事・給与システムを変えている企業もあります。採用については、４月一括から通年に切り替える企業が増えていますし、新入社員でも能力に応じて年収1,000万円以上を支払う企業も登場しています[9]。いずれにしても、伝統的な日本の雇用制度は崩壊しつつあります。

　第二の要因は、企業内教育訓練だけでは、技術革新の多様さやスピードに対応できなくなっていることです。企業は、日常の業務につきながら行う教育訓練（On-the-Job Training, OJT）を基軸とした企業内教育訓練によって、労働者の職務拡大や職務転換を実施することにより、経営環境の変化に対応してきました。しかし、これが当てはまるのは、製造業を中心とした大企業の男性社員であって、非正規雇用者あるいは女性は雇用システムの中では周辺的な存在です。また、中小企業では、理念は共有されていても、企業内教育訓練体制は十分ではなく、時間的にも費用的にも余裕がありません。さらに、最近の若者の勤労意識の変化や技術革新の速さを考えると、日本型雇用

96

第1章　持続可能な質競争

の教育訓練力では対応できなくなる危惧が増大してきました。正規非正規あるいは女性男性を問わず、テクノロジーを活用して生産性をあげることが、日本の国際的存在感を維持する唯一の方法です。

　企業内教育訓練についても、外部機関から講師を招いたり、企業負担で他組織が実施するセミナー等に参加することが含まれています（Off the Job Trainig, Off-JT, 通常の業務から離れて行う教育訓練）。したがって、企業内教育訓練は、そのすべてが企業内で完結しているとはいえず、外部資源を活用している例は少なくありません。

　厚生労働省の令和5年度能力開発基本調査の個人調査[10]よると、向上させたい能力・技能があると回答した割合は、労働者全体で93.1％であり、正社員では96.5％、正社員以外では87.1％でした。向上させたい能力・技能の内容については、正社員では「マネジメント能力・リーダーシップ」が42.1％と最多でしたが、正社員以外では17.6％と低くなっています。正社員では、次いで、「課題解決技能（分析・思考・創造力等）」（35.2％）、「ITを使いこなす一般的な知識・能力（OA・事務機器操作（オフィスソフトウェア操作など））」（33.6％）が続いています。正社員以外では「ITを使いこなす一般的な知識・能力（OA・事務機器操作（オフィスソフトウェア操作など））」（39.3％）が最も多く、「コミュニケーション能力・説得力」（27.6％）となっています。いずれにしても、リスキリングの要求は非常に高いことが伺えます。

　企業の指示によるものではなく、労働者が自発的に行う教育訓練、すなわち自己啓発（令和4年度）を行った者は、労働者全体で34.4％であり、正社員では44.1％、正社員以外では16.7％でした。また、男女別にみると、男性は39.9％、女性は28.0％でした。自己啓発の実施方法（図2-3）は、正社員、正社員以外ともに、「eラーニング（インターネット）による学習」をあげる者の割合が最も高く、次いで、「ラジオ、テレビ、専門書等による自学、自習」となっています。正社員では、「社内の自主的な勉強会、研究会への参加」「社外の勉強会、研究会への参加」「通信教育の受講」が続いています。正社員以外では、「社内の自主的な勉強会、研究会への参加」「社外の勉強会、

研究会への参加」および「民間教育機関の講習会、セミナーへの参加」が15%～16%となっています。専修学校、各種学校や大学・大学院の受講は、いずれも数%にしか達していません。高等教育機関が、まだまだ社会人の学びの場（リスキリング・リカレント教育の場）にはなっていない状況です。

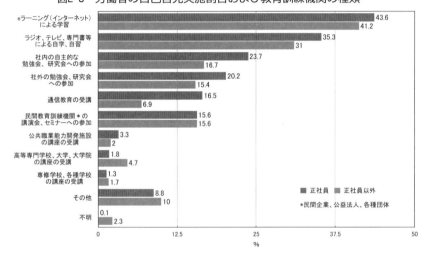

図2-3　労働者の自己啓発実施割合および教育訓練機関の種類[11]

デジタル社会の急速な進化とともに、人生100年時代を迎え、長い就労期間を生き抜くためには、複数回の知識・技能アップデート（キャリア・アップ）が必要である（図1-6　p.31）ことの認識は広く共有されています。高等教育機関が、もっと積極的にキャリア・アップに貢献することを期待します。高等教育機関は、減少する18歳人口の補塡としてリカレント教育を考えるべきではありません。多様な職務経験をもった学生は、それぞれ固有の目標をもって学んでいます（表2-5）。18歳とは異なるマーケットという認識に立ったマネジメントが必要です。リカレント教育は、単に形式だけの問題ではなく、入学者選抜方法に始まり、教育内容・方法、学修成果の評価方法に至るまで、新たな発想の下でのマネジメントが必要です。リカレント教育受

第1章　持続可能な質競争

講希望者の学修歴や職業歴は非常に多様ですから、柔軟かつ多様な対応が求められることになります。

表2-5　リカレント教育（キャリア教育）学修者の目標と内容

キャリア教育	学修目標	教　育　内　容
キャリア・ゲット （career get）	就職力	学校卒業後の就職・就社を目的とした実践的な教育
キャリア・アップ （career up）	専門力	在職または転職後により高度な専門職への昇格に資する教育
キャリア・リフレッシュ （career refresh）	復職力	一定期間休職後に元の職場・職種への復職に資する再教育
キャリア・チェンジ （career change）	転職力	現在の職場・職種よりも有利な職への転職に資する教育

循環型専門職高等教育

　多様な職務経験を有する人たちを受け入れた「循環型専門職高等教育」が非常に有効です[12]。循環型専門職高等教育には、「学び直し」と「学び合い」の二つの側面があります（図2-4）。「学び直し」は、一個人が人生の間に職務と学びを複数回繰り返すリカレント教育です。「学び合い」は、教員から学生への一方向の知識・技能の教授ではなく、教員を含めた学生同士の議論などを通じた多方向の学修です。多様な職務経験を有する人たちの間で経験を共有することは、とくに高等学校を卒業したばかりの学生にとって有益です。また、実務と教育の一体化（あるいは社会と教育の一体化）を図るための有効な手段です。

　日本では、大学の学びと社会・企業での職務が不連続に考える傾向にあります。これを連続的なものと捉え直すことが急務です。高等教育機関は、減少する18歳人口を補塡するためのリカレント教育という発想から脱却して、多様な職務経験を有する人たちを受け入れ、その多様性や流動性を自らの教

99

図2-4 循環型専門職高等教育：「学び合い」と「学び直し」

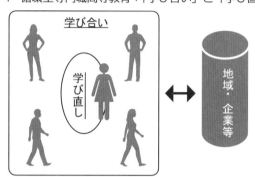

育活動の活性化をめざして、それぞれ固有のプログラムを工夫し実施して、成果を産み出す責任が求められています。

専門職大学等の設置

　専門職業人の養成を目的とする新たな高等教育機関として、専門職大学、専門職短期大学および専門職学科（「専門職大学等」とよびます。）が、大学制度の中に位置づけられました（学校教育法第八十三条の二、コラム2-5）。課程修了者には、「学士（専門職）」あるいは「短期大学士（専門職）」が授与されます。この専門職大学等には、産業界および地域社会との連携による編成・実施のために、「教育課程連携協議会」の設置が義務づけられています。そして、産業界などと連携して教育課程を自ら開発・開設し、当該分野の状況に応じて不断の見直しを実施すること、「職業倫理の涵養」に配慮することなどが求められています。授業科目として、表2-6に示す四つが規定され、卒業・修了要件として実習等による授業科目を一定単位数の修得が求められ、同時に授業を行う学生数が、原則として40人以下となっています。実習などによる授業科目には、企業などにおける「臨地実務実習」を一定単位数含むことが求められています。さらに、専門性が求められる職業にかかる入学前の実務経験が、当該職業を担うための実践的能力が修得されていると判断さ

れる場合には、当該実践的な能力の修得を授業科目の履修とみなして単位認定［４年制で30単位以上まで／２年制で15単位以上まで］できる仕組も規定されています。

コラム 2-5

専門職大学等の特色は、次の五点である。
① 卒業必要単位の三分の一以上の「実習・実技」の授業によって、「**実践力**」を涵養する。
② 研究者教員と実務の経験等を有する教員による小人数授業（原則40人以下）により、**理論と実践をバランスよく学ぶ**。
③ 学外の企業・診療所等における長期実習によって、現場の知識・技能を学ぶ（**臨地実務実習**）。
④ 一つの専門にとどまらない学び（総合科目、展開科目、職業専門科目、基礎科目）によって、「**応用力**」を涵養する。
⑤ 「学士（専門職）」あるいは「短期大学士（専門職）」の**学位**が、卒業生に授与される。

表2-6　専門職大学・短期大学が開設すべき授業科目と卒業要件

開設すべき授業科目
① 基礎科目　［４年制で20単位以上／２年制で10単位以上］ ② 職業専門科目　［４年制で60単位以上／２年制で30単位以上］ ③ 展開科目　［４年制で20単位以上／２年制で10単位以上］ ④ 総合科目　［４年制で4単位以上／２年制で2単位以上］
卒業・修了要件として「実習等による授業科目」を一定単位数［４年制で40単位以上／２年制で20単位以上］修得する。この「実習等による授業科目」には、企業等での「臨地実務実習」を一定単位数［４年制で20単位以上／２年制で10単位以上］を含む。

第二部　多様なニーズに対応する質マネジメント

　専任教員数については、必要専任教員数のおおむね４割以上は実務家教員（専門分野におけるおおむね５年以上の実務経験を有し、高度な実務の能力を有する者）であることが求められ、必要実務家教員数の二分の一以上が、研究能力を併せもつことが必要です。また、実務経験を有する者その他入学者の多様性の確保に配慮した入学者選抜を行うことが努力義務として規定されています。

　2023年４月現在、専門職大学20校（公立３校、私立17校）、専門職短期大学３校（公立１校、私立２校）および専門職学科１学科（私立１校）が設置されています[13]。専門職大学等の卒業・修了生が輩出され始めたばかりの草創期段階ですが、専門職大学等が、わが国の生産性を高め、付加価値をあげることに貢献するものと期待します。

学校教育法の改正

　専修学校専門課程（専門学校）は、医療、福祉、工業などの諸分野において、実践的な職業教育機関として人材を輩出してきました。人生100年時代やデジタル社会の進展の中で、実務に結びつく実践的な知識・技能・技術や資格の修得に向けて、専門職（職業）教育の重要性が高まり、専門学校における教育の充実が期待されています。しかしながら、専門学校は、教育の質が制度上担保されていないこともあり、必ずしも適切な社会的評価を得られていないのが現状です。この主要な要因の一つが、専門学校における教育活動などに関する自己点検・評価体制および外部の識見を有する者（第三者）による評価システムの整備です。

　大学と専修学校の評価の歴史（表2-7）をみると、同じようなプロセスで進んでいるように思えます。しかし、問題は「学校関係者評価」です。現在の専修学校における自己評価および学校関係者評価は、小学校で実施されている「学校評価」に準じています（学校教育法施行規則　第百八十九条）。外部者による評価である「学校関係者評価」は職業実践専門課程の認定要件となっています。しかしながら、「学校関係者評価」は「第三者評価」と国

第1章 持続可能な質競争

表2-7 大学および専修学校の評価の歴史

大　　学	専修学校
・自己点検・評価の努力義務（1991） ・自己点検・評価の実施義務化、評価結果の公表義務化、第三者評価の努力義務化（1998） ・大学評価・学位授与機構（現在、大学改革支援・学位授与機構）の創設（2000） ・認証評価制度の導入（2003） ・専門職大学院制度の発足（2003） ・専門職大学制度の発足（2019） ・高等教育の無償化制度導入（2020）	・自己点検・評価結果公表の努力義務（2002） ・自己点検・評価の実施、結果公表の義務化（2007） ・学校関係者評価の努力義務（2007） ・第三者評価の定義（学校評価ガイドライン、2010） ・学校関係者評価が「職業実践専門課程」の認定要件（2014） ・専修学校職業実践専門課程の第三者評価の試行（2014） ・高等教育の無償化制度導入（2020）

際的に認知される要件を満たしていませんから、国際的に通用する第三者評価システムの構築が課題となっていました。これらの課題解決をめざしたのが、「学校教育法の一部を改正する法律」です[14]。この法律に基づいて、新しい学校教育法〔2026年（令和8年）4月1日から施行予定〕には、専門学校に対して「大学と同等の項目での自己点検・評価の実施義務と第三者評価の努力義務」が明記されています（令和8年4月1日から施行予定の学校教育法　第百三十二条の二）。この学校教育法の改正には、教育の質保証を図るための措置だけでなく、大学等との制度的整合性を高める措置や専門学校修了生の学習継続の機会確保や社会的評価の向上の措置が盛り込まれています。

《注》

(1)　Trow, M.（2007）Reflections on the Transition from Elite to Mass to Universal Access: Forms and Phases of Higher Education in Modern Societies since

WWII. Forest J.J.F. and Altbach P.G.（eds）International Handbook of Higher Education. Springer International Handbooks of Education, vol 18. Springer, Dordrecht https://link.springer.com/chapter/10.1007/978-1-4020-4012-2_13

(2) 令和4年度学校基本調査結果（文部科学省）（2023）https://www.e-stat.go.jp/stat-search/files?page=1&toukei=00400001&tstat=000001011528

(3) Austin, I. and Jones, G.A.（2016）Governance of Higher Education: Global Perspectives, Theories, and Practices, New York: Routledge pp. 149-164

(4) 独立行政法人 大学改革支援・学位授与機構編著（2019）『高等教育機関の矜持と質保証─多様性の中での倫理と学術的誠実性』大学改革支援・学位授与機構高等教育質保証シリーズ、ぎょうせい　p. 16

(5) 独立行政法人 大学改革支援・学位授与機構編著（2017）『グローバル人材教育とその質保証─高等教育機関の課題』大学改革支援・学位授与機構高等教育質保証シリーズ、ぎょうせい　pp. 98-101

(6) 独立行政法人 大学改革支援・学位授与機構編著（2019）『高等教育機関の矜持と質保証─多様性の中での倫理と学術的誠実性─』大学改革支援・学位授与機構高等教育質保証シリーズ、ぎょうせい　pp. 6-8およびp. 18

(7) 濱口桂一郎（2009）『新しい労働社会～雇用システムの再構築へ』岩波新書

(8) リクルートワークス研究所　JPSED 全国就業実態パネル調査［データ集］2017 https://www.works-i.com/research/works-report/item/170609_jpsed2017data.pdf p. 284

(9) 中高年の転職、6年で3倍　厚待遇の派遣も、日本経済新聞　電子版（2020/1/23）

(10) 厚生労働省　令和5年度能力開発基本調査　https://www.mhlw.go.jp/toukei/list/dl/104-05b.pdf pp. 41-62

(11) (10)の資料「自己啓発の実施方法」p. 52を参考に著者が作成

(12) 川口昭彦（2022）『DX社会の専門職大学院・大学とその質保証』専門職教育質保証シリーズ（一般社団法人　専門職高等教育質保証機構編）ぎょうせい　pp. 138-146

(13) 文部科学省　専門職大学等一覧　https://www.mext.go.jp/a_menu/koutou/senmon/1414446.htm

(14) 文部科学省　学校教育法の一部を改正する法律案の概要（2024）　https://www.mext.go.jp/content/240301-mxt_hourei-000034282_1.pdf

第2章

質管理と質向上

　第38回ユネスコ総会（2015年11月13日）は「技術教育及び訓練並びに職業教育及び訓練（Technical and Vocational Education and Training, TVET）に関する勧告」を採択しました[1]。TVETの範囲は、広範な職業分野、生産、サービスおよび生活に関連する教育、訓練および技能の開発としています。TVETは、包摂的かつ持続可能な経済成長および競争力、社会的公平ならびに環境の持続可能性を促進するため、個人、組織、企業および地域社会に能力を与え、雇用、適切な仕事および生涯学習を助長することにより、持続可能な開発に貢献することをめざしています（コラム2-6）。そして「政策と統治」「質と関連性」などに関して勧告がされています。これらの勧告の中で、「質および質の保証」については表2-8のように言及されています。

コラム 2-6

TVET（Technical and Vocational Education and Training）の目的
① 個人に能力を与え、雇用、適切な仕事および**生涯学習**を促進する。
② 包摂的かつ**持続可能な経済成長**を促進する。
③ **社会的公平**（学習機会および社会経済的な結果の平等）を促進する。
④ **環境の持続可能性**を促進する。

表2-8　TVETの「質および質の保証」に関する勧告内容

43	加盟国は、自国の固有の事情に応じ並びに統治体制及び憲法上の規定に従い、質の高いTVETのための環境を助長すべきである。質の向上のために必要な能力を形成することについて、特別な注意が払われるべきである。

第二部　多様なニーズに対応する質マネジメント

44　加盟国は、関連する全ての利害関係者による参画に基づき、TVETの質を保証する制度を構築すべきである。質を保証する制度には、明確なかつ測定可能な目標及び基準、実施のための指針並びに情報還元の仕組み及び広く入手することができる評価結果を含むべきである。質の保証には、外部評価及び自己評価の双方を含むべきであり、これらを通じて制度の性能及び成果を継続的に監視し、及び向上させることができる。

45　加盟国は、TVETの機関の主導的役割及び管理の向上に努めるべきである。TVETの質及び質の保証には、教育機関の全ての職員及びその他の関連する利害関係者が関与すべきである。

46　加盟国は、自国の憲法上の規定に従い、学習者の保護を基本原則の中核に据えつつ、民間のTVETの提供者の規制、登録及び監視のための適当な法的枠組みを構築すべきである。

　教育の質を語るときに最も重要なものは、学生の学び（学修成果）の質です（コラム2-7）。もちろん、教員組織や施設・設備などの質も重要ですが、これらは学生の学びと関連して考慮しなければなりません。

コラム 2-7

学修成果が教育の質を図る**基本的な尺度**である。

第1節　学生の学び主体の学修マネジメント

　昭和の社会では、学歴はじめ手続的で客観的な能力が求められていました。このため、高等教育は、インプットとプロセス（学生数、教員数、施設、「何を教えたか」など）中心のいわゆる「供給者（教員）目線」であり、それに対応した教育マネジメントが進められ、学生は、提供されるメニューを履修して卒業（修了）必要単位を取得していました。

　創造（デジタル）社会では、人間として他者を尊重し、信頼を築き、価値

106

の創造が求められ、ネゴシエーション力や独創性、問題解決力などの情動（学生の身体的・生理的、また行動上の変化）に関わる基盤的な能力[2]が問われます。すなわち、「供給者（教員）目線」を脱却して「個々人の可能性の最大限の伸張」に重点が置かれており、学生が必要とする資質・能力の最適化を図る「学生目線」の教育をめざすものです（図1-4 p. 21）。知識・技能は、インターネットなどを通じて、個人のニーズに応じて多様な方法で入手することが可能となりました。情報技術の進歩にともなって、学生が知識に自由にアクセスすることができる環境（たとえば、MOOCsのような知識データベース）が整いますから、学生は自分の意思で学び、他者との対話を繰り返しながら、自分のペースで学修を進めることが可能となります（図2-5）。ここでは、知識・技能の伝達者としての教員は姿を消し、学生と教員が、知識データベースを取り囲むことになります。そして、学生同士、学生と教員間の相互作用が産まれ、そこから自らの課題を発見し解決に取り組み、新たなモノやサービスを産み出す力が育まれます。そこから社会の新たな価値を創造する能力が養成されます。このような状況下では、教員の役割は、学修環境の整備および学生がもつ知識の概念化や構造化を進めるためのファシリテーター（あるいはサポーター）となります。教育機関の現場では、それらの知識や技能の活用をめざして自律的に責任ある行動によって社会の発展に

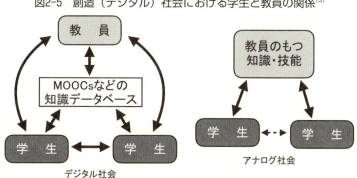

図2-5　創造（デジタル）社会における学生と教員の関係[3]

第二部　多様なニーズに対応する質マネジメント

寄与する人材の育成が最重要課題となります。このため、今までの「供給者目線」時代の教学マネジメント[4]とは異なる学生主体の学修マネジメントへの根本的変革が、教育機関に求められることとなります。もちろん両者は密接に関係しており、学生が「学修マネジメント」を行うためには、教育プログラムの「教学マネジメント」に関する情報が不可欠です[5,6]。

　個々の学生の多様な可能性をそれぞれ最大限に伸長することが求められていますから、それぞれの学習歴やキャリア経験・デザインへの対応を視野に入れた学修マネジメントが重要となります（図2-6）。教員には、一人ひとりの学生の状況を把握することが求められますから、一方的な講義形式の授業ではなく、アクティブ・ラーニングやラーニング・ポートフォリオが有効な手段となります。わが国の高等教育マネジメントは、高等学校を卒業して入学した学習歴や能力の比較的均質な学生を中心に進められてきました（18歳中心主義）。しかしながら、人生100年時代を迎え少子高齢化にともなってリスキリングの需要が高まっていますから、個々の学生の多様な可能性をそれぞれ最大限に伸長するためには、学習歴やキャリア経験・デザインの多様な学生への対応を視野に入れた学修マネジメントが重要となっています。この方向に進むためには、学生および教員双方の意識変革が必要です。

図2-6　学生の学修マネジメント：入学から卒業・修了までの対応

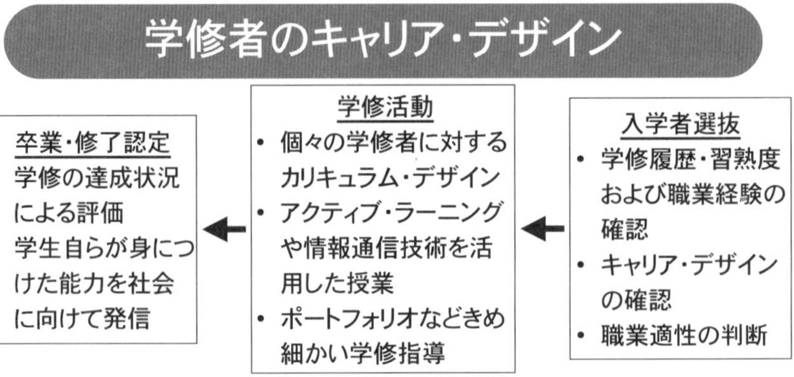

学修者のキャリア・デザイン

卒業・修了認定
- 学修の達成状況による評価
- 学生自らが身につけた能力を社会に向けて発信

← **学修活動**
- 個々の学修者に対するカリキュラム・デザイン
- アクティブ・ラーニングや情報通信技術を活用した授業
- ポートフォリオなどきめ細かい学修指導

← **入学者選抜**
- 学修履歴・習熟度および職業経験の確認
- キャリア・デザインの確認
- 職業適性の判断

第2章　質管理と質向上

第2節　学修成果で表現する教育目標と質管理

　デジタル化・グローバル化の進展、産業構造の変化、技術革新など対応できる専門職業人（プロフェッショナル）の育成が期待されています。学生が自らの夢や志に基づいて、目的意識をもって実践的な職務遂行能力を身につけることが期待されています。専門職高等教育の役割はコンピテンシーの養成です。

　スキルは、物事を行うための能力で、人間行動に関する能力をさします（コラム2-8）。技術的な能力は「技能」とよばれます。スキルは、技能を含めた広い意味をもっています。すなわち、技術的な能力だけではなく、仕事を円滑に進めるために必要な能力（ネゴシエーション力、協調性など）、技術を証明するための資格、活動を行うための肉体的能力（思考力、判断力、コミュニケーション力など）が含まれます。

コラム 2-8

「**スキル**」の内容
・分野固有のスキル
・分野横断的スキル
・基礎的スキル
　・ネゴシエーションスキル（表現力、言語化力）
　・数量的・統計的スキル
　・批判的・分析的・創造的思考
　・自己コントロール
　・倫理と社会的責任感
・人格的・社会的スキル
　・人格的有効性（責任感、自律性）
　・デジタル方式への慣れと情報リテラシー
　・チームワークと協調性

第二部　多様なニーズに対応する質マネジメント

　コンピテンシーは、特定の仕事などのために必要な能力、力量、技能、適正、資格などです。すなわち、学生が「どのような知識とスキルをもち、何ができるか。」（力量）について、観察・測定できる指標を用いて表現したステートメントです（コラム2-9）。このコンピテンシーは、専門職的コンピテンシーと社会的（人間的）コンピテンシーに分類できます。

コラム 2-9

コンピテンシー（competency）**とは、**
知識や技能を有することに加えて、さまざまな心理的・社会的なリソースを活用して、**特定の文脈の中で複雑な要求（課題）に対応する**ことができる力である。すなわち、
特定の**仕事などをするために必要な能力、力量、技能、適正、資格**などである。

　教育の質を測る基本的な尺度は学修成果であることは広く認められています（コラム2-7　p.106）。上述のように、教育現場において学修を通じて学生が修得すべきはコンピテンシーです。したがって、それぞれの専門分野が求めるコンピテンシーを踏まえて、教育プログラムは、教育ビジョン、プログラムの目標や分野固有の事情などを勘案して、教育の基本方針と学修成果を定めます。これが、「ディプロマ・ポリシー（卒業認定・学位授与の方針）」および「カリキュラム・ポリシー（教育課程編成・実施の方針）」となります。

　以上のように整理すると、目標とする学修成果の達成状況によって教育の質を測ることができます。質保証は、教育プログラムの期待する学修成果が達成されているか否かを確認・保証することになります。教育プログラムは資格や学位の取得に向けて複数の学習成果を統合した教育実践の集合体です。中央教育審議会の三ポリシーに関するガイドライン[7]は、「どのような学修成果をあげれば卒業を認定し、学位を授与するのかという方針をできる限り具体的に示すこと。」と求めています。

　わが国の高等教育機関は、取得できる資格などの情報は発信してきました

第2章　質管理と質向上

が、期待できる「学修成果」についての情報発信は不十分でした。学修成果の設定、その達成状況の測定を経て教育の質の向上に至るプロセスとして、表2-9に示す手順が考えられます。最初に、教育プログラムや科目の掲げる目標を学修（学習）成果[8]で表現します。すなわち、学修を通じて、修得が期待される知識・コンピテンシーを記述します。第二段階は、修得された学修成果の測定です。ある授業科目で習得された知識は、試験の成績によって可視化されますが、コンピテンシーの成績評価については工夫が必要です。実際に修得された成果と、目標とする学修成果との間には差が当然出てきます。この差が教育の質を示唆しており、この差を解消するための改善策を講じることによって、教育の質の向上が期待できます。

表2-9　学修成果の設定から教育の質の向上まで

1．目標学修成果：教育プログラムや科目の掲げる目標を「学修成果」で表現する。すなわち、学修を通じて、最終的にどのような知識・コンピテンシーの修得が期待できるかを記述する。
2．達成学修成果：修得された学修成果を測定する。
3．目標学修成果と達成学修成果との差を明確化する。この差が「教育の質」を示唆する。
4．明確になった差を解消するための改善策を講じることによって、教育の質は向上する。

　医学、看護など職業実践に近い教育プログラムでは、修得すべき知識・スキルが比較的明確ですから、その職業の求める知識・スキルがそのままめざすべき学修成果となります。しかしながら、これだけでは不十分です。たとえば、医学や看護に携わる人材には、命の大切さを基本とした倫理観を身につける必要があります[9]。基本的な知識・技能の育成とともに、他の医療職との連携および地域医療や福祉制度に関する基本的な知識と理解を深め、身体的および精神的な支援サービスを必要とする対象者（以下「クライアント」

111

とよびます。）の実態把握と生活の質向上を図る能力を有する人材の育成が
教育目標となります。また、グループ医療を重視する観点から、他の医療職
との連携による相互のコミュニケーションが不可欠で、コミュニケーション
能力の育成も重要な要素となります。さらに、この分野の専門職が対象とす
る個々のクライアントの状況を的確に把握するためには、クライアントとの
コミュニケーションに加えて、データ分析能力を養うことも重要です。この
分野の情報の性格上、情報リテラシーや個人情報保護の重要性を学ぶことも
不可欠です。

　高等教育は、職務と直接関係する知識・技能だけではなく、思考力、判断
力、創造力など基盤的能力を育成する使命をもっています。インターネット
などを介したオンライン学習によって、知識・技能の修得は可能となってい
ますから、教育現場では、コンピテンシーの基盤的能力に関する学修成果が
重視されなければなりません。基盤的能力に関する学修成果は、プログラム
が目標とする人材像（将来どのような人材に学生を育てるかというビジョン）
から導き出されます。そのためには、目標とする人材を能力面から把握しま
す。一例として、「グローバル化時代に対応できる人間」という人材像を取
りあげてみましょう。人材像は一連のコンピテンシーに分解できます（図
2-7）。たとえば「現代世界の経済的相互依存関係を理解する。」「外国語で自
分の意見を表明する。」「多文化的状況への理解・感性をもつ。」などがあげ
られます。これらの能力の修得がプログラムの学修成果となります。

図2-7　人材像のコンピテンシーへの分解

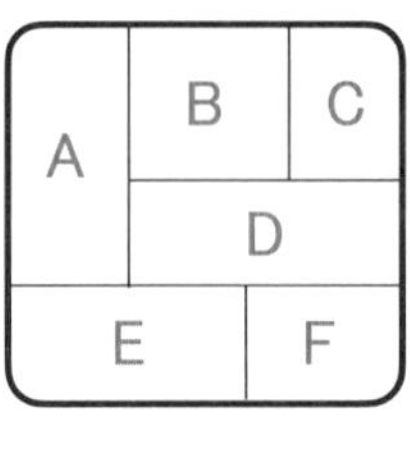

人　材　像

A	B	C
	D	
E	F	

教育プログラムは、複数の教員による授業の集合体ですから、プログラム全体の学修成果は、プログラムを構成する各科目に割り振られます（カリキュラム・マッピング　表2-10）。たとえば、プログラム全体の学修成果のうち、コンピテンシーA、C、Fが割り振られた科目Iを履修した学生は、A、C、Fのコンピテンシーを修得できます。一つの科目での学修成果の数は、数個程度が目安でしょう。少なすぎると、プログラムに多くの科目が必要となりますし、多すぎると、その科目の狙いが不明瞭になります。適切なマッピングによって、プログラム全体の学修成果は諸科目によって漏れなくカバーされ、学生は各科目の履修によって、プログラムが求めるすべての学修成果の修得が可能となります。

表2-10　カリキュラム・マッピング

科　目	コンピテンシー					
	A	B	C	D	E	F
I	○		○			○
II		○		○		
III	○				○	○
・・・		○	○	○		

　このように、教育プログラムによって、修得できる具体的な能力や力量が学修成果として明示される必要があります。ところが、教育プログラム全体の学修成果として、「○○の資格取得をめざす。」と集約され、具体的な能力や力量の記述がみられない例が多数あります。しかも、資格取得のためには、わが国の場合には筆記試験が一般的に最初の関門であり、その筆記試験を合格するための指導が優先されるために、「資格はもっているが、実務はできない。」などの批判に代表される産業界との人材ニーズのミスマッチが起こっていることも事実です。学生の立場からは、資格の取得だけでなく、学修に

よって期待できる知識・コンピテンシーも重要な情報です。同様なことが、各授業科目のシラバスにもみられます。シラバスは、「xx分野の知識について講義をする。」という記述ではなく、「yyに関するコンピテンシーの修得をめざす。」という記述が求められます。

人材像から導き出されるコンピテンシーは、抽象的な記述が多くなるのが通例です。したがって、教育プログラムを設定する、あるいは各科目に盛り込む場合には、プログラムの水準（学士か修士かなど）、対象学生の学力などを踏まえて、具体的な目標に翻訳しなければなりません。たとえば、「現代世界の経済的相互依存関係を理解する。」というコンピテンシーであれば、「諸国家・地域間の貿易・投資の流れと規模について説明する能力をもつ。」という目標に具体化します。また「外国語で自分の意見を表明する。」は「TOEIC800点以上の得点を得る。」などとなります（図2-8）。

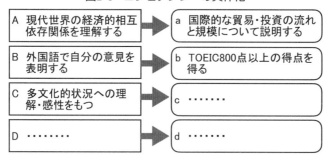

図2-8　コンピテンシーの具体化

第3節　学修成果の国際的共有：国家資格枠組

少子高齢化社会においては、複数回の学び直し（リカレント教育）ができる教育環境の整備が必要です。このためには、これまでの学修歴（学修成果）や職業経験を受け入れ高等教育機関の学修価値にどのように置き換えるか、

取得した学位、称号、資格などの質をいかに担保するかなど、いくつかの課題があります。人材のモビリティ（流動性）の観点から、個人がそれまでに修得した学位や職業資格などは、国内外を問わず、正当に評価する必要があります。

　グローバル化や知識社会が進展している現在、学位や職業資格などに対する社会の共通理解の欠如の問題は、海外においても数多く取り上げられています[10]。また、労働市場が求めるコンピテンシーと教育訓練のミスマッチ問題もあり、資格内容の透明化と教育訓練―職業間の連続性が求められています[10]。これらの問題に対処するため、欧州を中心とした各国政府は、学位・資格などの整理や教育訓練制度の改革を進めています。欧州議会・理事会は、各職業資格や学位などに求められるコンピテンシーとそのレベルを記述した欧州資格枠組[11]（European Qualifications Framework, EQF）を策定して、欧州各国で異なる資格の同等性や比較可能性を高めるために、各国の国家資格枠組（National Qualifications Framework, NQF）とEQFとの対応を図ることを提言しました[12]。

　世界の150を超える国々で、NQFの導入あるいは検討が進められていますが、わが国のNQFは策定されておらず、職業能力評価制度など雇用政策の観点から各国のNQFをめぐる政策動向や枠組を参考にしつつ、日本版NQF策定の議論が進められています[10]。このような状況下で、著者の一人（川口昭彦）は、文部科学省委託事業（コンピテンシー事業「学校評価の充実等を目的とした資格枠組の共有化・職業分野別展開とその有効性の検証」令和2～4年）の一環として、EQFとASEAN資格枠組[13]を参考に、8レベルで構成される資格枠組のレベル定義（表2-11、表2-12）を作成しました。

　NQFは、従来から別々に制度づけられ運営されてきた多様な教育訓練セクター間の関係を明らかにし、各セクターで獲得されるあらゆる職業資格や学位、免状、証書などの資格について、学習成果（知識、スキル、コンピテンシーなど）を明確にすることで、自国内そして国際的に資格の内容に対する理解を深めるためのツールです。NQFの導入目的には、国レベルの学習

115

第二部　多様なニーズに対応する質マネジメント

表2-11　資格枠組のレベル定義（概要）

レベル	知　識	技　能*1	責任感と自律性*2
8	専門的実務／学問分野において最先端のフロンティア。新しい専門的実務や知見につながる分野横断的な視点・知識・理解	研究や革新の重要な課題を解決し、既存の知識や専門的実務を再定義するために必要な、最も高度な専門的技能	専門的な実務や学問の最前線で、新しいアイディア・プロセス開発に対する権威、自律性、学術的・専門的な誠実性および持続的な関与
7	高度に専門化された知識。その内いくつかは、仕事／学習分野における知識の最前線。異なる分野の知識・理解	実務／学問分野における主体的・批判的な洞察と分野横断的な知識の統合。新しい知識や方法論の研究・開発・革新に必要な問題解決技能	複雑で予測不可能な課題に対する革新的な取組が求められる仕事や学習の管理。専門的な知識・実践と管理への貢献・評価
6	理論や原理の批判的思考を含む、仕事／学習分野に関する高度知識・理解	仕事／学習分野で、複雑で予測不可能な課題の解決のために必要な熟練と革新を実証する高度な技能	技術的・専門的活動を管理し、予測不可能な仕事や学習の場面で意思決定を行う責任。個人や団体の専門的開発を管理する責任
5	仕事／学習分野における総合的、専門的、事実的、理論的な知識と、その知識の批判的認識	抽象的な問題を創造的に解決するために必要な包括的な認知科学技術と実践的技能	予期せぬ変化がある仕事／学習活動の主体的管理と監督。自己と他者の業績の点検・開発
4	仕事／学習分野における幅広い文脈の中で事実と理論の知識	仕事／学習分野における特定の問題の解決策を産み出すために必要な一連の認知・実践技能	通常は予測可能であるが変化する可能性のある仕事や学習の文脈の中での自己管理。他者の日常業務を監督し、仕事／学習活動の評価・改善
3	仕事／学習分野における事実、原則、プロセス、一般概念の知識	基本的な方法、手法、材料、情報の選択・利用によって、任務を達成し問題解決に必要な認知・実践技能	仕事や学習の完了に対する責任。問題を解決する際の状況に対する自己の行動の適応
2	仕事／学習分野における基本的な知識	簡単な規則と手法を利用した任務の実行。日常的な問題を解決する目的で関連情報の利用に必要な基本的な認知・実践技能	監督下で、ある程度の自律性を持った仕事や学習
1	基本的な一般知識	簡単な任務を実行するために必要な基本技能	直接監督下で、構造化された状況での仕事や学習

*1 汎用的な（認知的）技能および職務上の（実践的）技能を記述
*2 知識と技能を自律的に、責任をもって適用する能力を記述

各レベルの目安
レベル8：専修学校専門課程（2）卒業後15～20年経過（35～40歳）、博士
レベル7：専修学校専門課程（2）卒業後10～15年経過（30～35歳）、修士、修士［専門職］
レベル6：専修学校専門課程（2）卒業後5～10年経過（25～30歳）、高度専門士、修士、学士［専門職］
レベル5：専修学校専門課程（2）卒業（20歳）、専門士、短期大学士、短期大学士［専門職］、準学士
レベル4：専修学校専門課程（1）卒業（19歳）
レベル3：高等学校卒業（18歳）
レベル2：中学校卒業（15歳）
レベル1：小学校卒業（12歳）

表2-12　資格枠組のレベル定義

レベル	学習者プロフィール	知識と理解	汎用的な技能	職務上の技能				自律性と責任感	倫理観とプロ意識
				専門実践技能	対人技能[*1]	分析技能[*2]	管理・指導技能		
8	学習者、学問分野や専門分野の最前線にある最先端の知識について、批判的理解を示す。　新しく独創的な知見、実務に対する高度な研究を、高度に実施・管理・推進する能力をもって発揮する。　論文、特許、製品、新規の高度な専門的実務、先進技術、創造的な解決策との形で研究成果を産み出す。　専門分野の観点、主張、アイデアを、知識と自信をもって提示し、正しいと証明する能力を発揮する。	学問分野または専門分野や実務分野の最先端で、課題となっている問題について、包括的、体系的、統合的な理解を実証する。　分野横断的な観点、知識・理解を持つ。	学問分野や専門分野の実務的な技能や科学的手法を使いこなす高度な能力を発揮する。このような能力を総合的に分析・評価する。また、既存の概念や実務の高度化を図る。　高度な研究手法・解析手法・技法を駆使して、現代の複雑で抽象的な新しい問題や課題を解決し、専門分野や実務、理論、解決策、良好な能力を発揮する。　ピアレビューや国際基準を満たさす独創的な高い研究により、新しい知見、理論、解決策、実践方法を産み出す。	実用的・技術的な技法／実践法を使いこなす的確な能力を発揮する。	同業者、研究者、研究コミュニティーや一般社会に対して、当該分野の研究成果を効果的に伝える。　学習の場や職場の人々や、民族や職業が最先端において、複雑な問題を解決するための技法、技術や解決策を開発する。　専門分野の情報、知見、アイデア、課題や新たな問題の解決について、同業者、研究コミュニティーや一般社会に説得力をもって理路整然と伝える。	新しい知見・実務活動の質を高めるために、既存の手法・方法論を利用／選択し改善する。あるいは新しい手法・方法論を開発する。　数値・数式や図表データの批判的評価を行う。	新しい知見、職業上の新たな課題を認識し、その解決やパートナーとの統合を効果的に図る力を持つ。　リーダーシップ、管理能力をメンバー、解決策、多様なパートナーとの統合を効果的に図る。　専門家・専門家レベルでプロジェクトについて、学術的および専門職の観点、社会的、文化的観点に貢献する。	自分自身の産み出した知見や、実務、プロセスの高度化に責任を負う。必要に応じて、所属する組織全般にも認め運営管理責任を負う。　自主性、権限をもって取り組む。　生産学習に対する知見、新しいアイデア、解決策、システムの開発・融合を図る。　ベンチャー事業およびプロジェクトを起こしたり、そのリーダーになったりする。	法律上、職業上の行動規範や、倫理的に健全な行動規範を遵守する。　倫理上、職業上の新たな課題を認識し、その解決や専門分野における研究の進展や社会全体への影響を明らかにする。

第二部　多様なニーズに対応する質マネジメント

レベル	学習者プロフィール	知識と理解	汎用的な技能	専門実践技能	職務上の技能		管理・指導技能	自律性と責任感	倫理観とプロ意識
					対人技能*1	分析技能*2			
7	学習者は、学習／研究や専門的実務を進めることにより、高度で専門的な知識、批判的思考や創造的能力、革新性に関する理解や基礎としての学問や実務の特定分野における高度な知識、課題を管理する能力を発揮する。また、新しい知識に対して自信をもって行動する能力を持つ。世界を生かす能力をもって行動する。	学問分野または実務分野において、分析・評価・批判的評価における最新の機械的な評価を伴い、機械的な情報や専門的な概念・理論・論点をまとめ、総合的なアプローチを行い、知識を広く、独創的・統合的に応用し、複雑な課題に対して主体性を発揮する。	高度な技術、手法、新しいアイディアを活用して、最先端的な評価を創出するための手法を総合的に行い、知識を広く、独創的・統合的に応用し、複雑な課題に対処し解決する。	標準の専門的な研究手法、アプローチによって、最先端の専門分野の知識や学問的実践を幅広く応用する。最低一つの外国語を使い、仕事や高度な学習に対して能力を発揮する。	同業者、専門家、素人に対して、最低一つの国際言語で、適切な方法を用いて、アイディア、知識、結論を伝える。学習や職場の多様な人々や職業人などの異なるグループ・ネットワークと協力しながら仕事ができる。	新しい解決策、課題に取り組むために、自分の分野のアプリケーションや他者の作業などメディアなどの情報・ネットワークを広く利用して、学習・研究の実務を支援する。	職場やクラスで、実務活動の質を高めるために、主体なりの自主性、主体性、リーダーシップを発揮する。ベンチャー事業がつかない状況下で、自らプロジェクトを起こしたり、その他チーム内の作業や他チームとの協働性を発揮する。	研究者や職業人として成長を続けさせることにより自己の向上を図る。ベンチャー事業ある社会・経済的発展のために、専門的な立場で取り組む能力を発揮する。	法律上、倫理上、企業上の行動規範を遵守する。批判的洞察や倫理的配慮に基づき、機械的な問題について助言や決定を行う自信を示す。国や世界の社会的、技術的、経済的発展のために、専門的な立場で貢献する。市民社会や世界が抱えるような問題に対して、自分の専門分野で取り組む能力を発揮する。
6	学習者は、専門分野での研究開発、創造、批判や専門職への市民性や準専門職のみならず複雑な環境のなかでも、広範にわたる学習力を発揮する。専門職業人としての交渉や論理と未来観への心構えを持ち、倫理観への義務を果たし取り組み、日本の国家目標や地域文化を生かしながら国際社会の一員としての意識を持つ。	理論や技術について、高度な知識を総合的な説明と関連する能力の活用や価値的な表現方法を当該分野の能力、主体は学問分野の知識の活用や、専門分野に関する理路整然とした能力を発揮する。	学習／研究／仕事で、実務の分野で、批判的な分析や総合的な知識と言葉で高度な説明や分析的能力や価値ある表現方法を、広範な実務においても正確な理路整然と応用する。学習／研究／仕事／実務的な表現方法で、専門分野の知識と創造性を発揮する。	広範囲にわたる複雑で専門的な問題の解決に基づく知識や手法の多様な方法やアプローチを幅広く応用する。専門分野に関する実務手法の見直し、調整、監督を行う。	多様な他者に対し、多様なアイディアや考え、通切な表現方法を用いて、自信をもって正確な理路整然と伝える。学習や仕事などコミュニティの人々や、地域や国が異なる多様な人々と協力する。	多様な全ITツールや、メディア、アプリケーションおよびデザイン、学習／仕事を広く応用する。数値データや視覚データを組み合わせて学習／仕事などに使う。	多様な組織的枠組み、や制約条件の下で、自主的に仕事をする、各種の管理業務のリーダーシップとプロ意識の実務と生涯学習や職業の実務を発揮する。自分や他者の業務について、相当レベルの責任を負う。	選んだプロジェクトや企業の多様な環境や業界の中での企業家を選定し、その能力を発揮する。自ら定めた目標や成果に向けて仕事を遂行することで、自律とプロ意識を発揮する。地域・国／世界の社会経済・文化的に幅広く認識を示す。専門分野、仕事などに定めた自律とプロ意識を発揮する。	社会的・職業上の多様な環境や学業の中で、倫理観規範を選守し、倫理上の課題を明らかにして仕事遂行する。かつ、倫理観や職業を生涯学習や職業の実現に向けて行動する能力を発揮する。地元や地方の社会科学・経済・文化的課題について、ビジネス、社会、環境の課題について深い認識と知識を示す。専門家として説明責任を果たす。

118

第2章　質管理と質向上

5	学習者は、相当量の、相当程度の高度な専門的知識や理論を持ち、専門的な分野では仕事上において、求められる分野で、複雑で調達可能な多様な任務や状況に対処すること、職場に対処するために、理論、概念、技術的な従来の知識を有すること。 学習者は、倫理的に地域社会や世界で生活したりする場合にも、持続可能な方法を用いることができる能力を持つ。	高度な専門的知識が求められる分野で、専門的な多様な知識を調達可能な広範囲に認識すること、広範囲の知識を用いること。	一つの専門分野または仕事上の目的で、多様な学習や任務について、必須の方法を用いる。	実務能力を幅広く活用して、多様な場面で複雑や非定型的な状況で、解決の方法を監督する。関連した実施方法やプロセスの見直しを行い、他の人たちを監督する。暖昧さや複雑な定型・非定型的な状況でも、手順に従えない状況で、主体性をもって、周りのアプローチで、課題や問題を解決する。	社会の、学術的、職業上の目的で、多様なアイディア、問題、情報に、分かりやすい方法で、効果的に伝えるコミュニケーションを取ったり、他の人たちと交流したりする。最低二つの言語で、高い会話力や文書作成力を示す。	多様なICTツールやアイディア、アプリケーションを幅広く利用して、学習/仕事を支援する。複雑で定型的、非定型的な数値データを視覚化/解釈して使用する。	相当な自主性をもつ、かなりな個人責任を負いながら仕事を行う/仕事を支援する。職場において、資源の割り当て、非定型的な数値データや図表データを解釈して使用する。責任を取ったり、新しい場合に含め、明確な分野で明確な責任を負ったりする能力を発揮する。実務分野が明確な場合を含め、新しいチーム、リーダーシップを発揮する。	関連する特定の状況で個人や企業的な能力を発揮する。自ら方向を定めた生涯学習に効果的に取り組み、専門的な共同制作や研究に自主的に参加する。地域や世界で、複数の言語や飛び交う多民族・多文化の状況下で、仕事や学習を行う能力を発揮する。	社会的責任を果たす能力を発揮する。専門職業人に相応しい倫理的慣行に従う能力を示す。地域や世界で、持続可能な社会をつくるために社会に貢献する。
4	学習者は、一般理論・原理について幅広い知識を獲得し、特定の分野の学習/訓練の複雑な場面で複雑で非定型な業務を行うための知識・能力について、広範囲にわたる体系的な把握・理解を有する。 学習者は、進学への関心を持つ。 学習者は、倫理観ある適切な行動を取るよう努力し、世界の中の日本という視点への理解を示す。	当該分野の学習、訓練の中で、複雑で非定型な業務/学習/訓練の学習や訓練の知識を行うための知識について、広範囲に体系的に理解する。	学習・仕事になっている範囲で明確になっている範囲で、アイディア、問題、解決策を応用し、求められる任務/仕事を行う。最低限の理論・一般概念、運用解釈・適用・評価する。	実務能力、技法、手法を限られた範囲で応用し、解決策を得て、定型的または非定型的な任務に関する実務プロセスに応じて検討し、必要に応じて検討や修正を行う。明確であり限られた問題、非定型に見られない性質の問題を解決する。	手の他の学生や専門家、素人などに対して、アイディア、問題、解決策を、口頭でも文書でも明確に伝える。単独、またはチームの一員としてメンバーとデータを共有し、管理者や同僚、部下と効果的に交流する。日本語のほかに最低一つの言語で、能力を発揮する。	学習/仕事を支援したり、仕事や学習を支援したり、処理するために、情報処理でも、幅広い範囲のデジタルツールを利用する。所定の複雑な数値データや図表データを活用する能力を発揮する。	さまざまな状況で実施される明確で非定型的な状況について、自らの責任感と自主性をもって仕事をする能力を発揮する。職場で各種チームの結果に管理を行い、問題に対処する。	企業的な活動について調べったり非定型的な取り組みにかかわったりする。進学の可能性や自己研鑽の取り組み方を明確にする。キャリアや生活について現実的な目標を立てる。地元、地域社会づくりにつながる専門的な活動や市民活動に関心や市民活動に参加する。	仕事において、組織の倫理や職業倫理を理解し、従う能力を示す。地域社会や世界で働いたり生活したりする場合、持続可能な方法を適切に用いる能力を示す。

*¹ コミュニケーション技能などについても記述する。　*² ディジタル・数的技能などについても記述する。

第二部　多様なニーズに対応する質マネジメント

成果の策定や、教育訓練と労働市場との接続、入学や編入などの学習者のセクター間のモビリティ、リスキリング・リカレント教育の推進などであり、国や地域によっては職業教育訓練セクターの地位向上などが掲げられています(10)（コラム2-10）。また、職業能力評価や高等教育を含む教育訓練の質を保証するメカニズムとなることも期待されますが、何よりも国内で複雑化・拡大化する資格を国の制度として整理し、半ばブラックボックス化している学位、資格、証明書、ディプロマなどの価値を判断するにあたって、これまでの曖昧さを軽減することを第一義的な目的としています(10)。各資格保有者に獲得が期待されるコンピテンシーを明確化することで、資格への信頼性、客観性につながることが期待できます。

コラム 2-10

国家資格枠組（NQF）の目的
・学位・資格制度の**整理・可視化**
・学習成果に基づく資格の**透明性の向上**
・学習成果の策定や水準に関する**雇用者の関与**
・教育訓練と労働市場との**関係性の強化**
・学習者のセクター間の**移動、入学、編入の支援**
・**リスキリング・リカレント教育**の促進
・質の向上をめざした**質保証システム**の一環
・職業教育訓練の**地位の向上**

NQFについては、一般的に学術教育よりも格下とみなされてきた職業教育の社会的ステータスの向上を図るもの、そして職業教育と学術教育との「評価の同等性」を保つことへの期待があります。日本でも、これまで十分に語られてこなかった職業教育（あるいは職業志向型教育）に求める学修成果や、学術教育との相互関係性を改めて見直す上でも、NQFの考え方は有効です。欧米諸国のNQFについては前書(10)を参照ください。ここではドイツにおけるNQF導入の背景や期待される役割、活用方法、機能状況などを紹介します。

第2章　質管理と質向上

ドイツの国家資格枠組（DQR）

ドイツでは、8レベルによる国家資格枠組（Deutscher Qualifikation-srahmen, DQR）が開発されました（2003年）。各学位・資格に求めるコンピテンシーの水準と内容について社会の共有化をめざすDQRは、連邦教育研究省（BMBF）や州教育大臣会議（KMK）との共同事業として打ち出され、労使や産業界、教育関係者、職業訓練関係者などによって支持されています。「資格国家」といわれるドイツでは、「マイスター」などに代表されるように、職業資格は労働市場へのアクセスや昇進などに大きな効力を発揮します。資格が能力評価と強く連動している点は、ドイツの特徴といえます。DQR開発の最大の課題は、大学の学位などの学術教育資格と職業教育資格とを相互にどのように位置づけるか、という点にありました。

ドイツには、研究中心型の総合大学（Universität）と職業人養成型の専門大学（Fachhochschule）が存在します。専門大学は、後期中等教育レベルの職業教育機関であった技師学校などを統廃合して高等教育レベルに格上げされた機関で、技術・農業・社会福祉分野などの専門人材養成を目的とする短期型高等教育機関として設立されました（1968年）。専門大学は、その数の拡大に伴い、総合大学のみに独占権があった学士・修士の学位授与権が与えられ、かつてのディプローム教育課程は、新たに学士・修士に置き換えられました（1998年）。ドイツの職業教育訓練（VET）の特徴として、「デュアルシステム」とよばれる企業内訓練と職業学校での座学教育を組み合わせた教育形態があります。ドイツの職業教育はアプレンティス（実習）制度に基づいて実施されることが多く、職業資格のステータスは伝統的に高いといえます。とくに、各専門を極めた「マイスター」は一定の社会的地位を保ち、大学の学士号（DQRレベル6）に相当します。また、IT戦略プロフェッショナルは、修士号（レベル7）相当に位置づけられています（表2-13）。学術教育と職業教育が別々に運営されていたドイツにおいて、学位や資格が同じテーブル上にマッピングされたことで、どのような資格が存在し、いかなる学習成果が期待され、当資格でもって入学や編入に必要な要件は何か、海外

121

第二部　多様なニーズに対応する質マネジメント

表2-13　ドイツNQF（DQR）の水準表[10]

EQFの レベル	DQRの レベル	代表的な学位・資格
8	8	博士
7	7	修士、IT戦略プロフェッショナル
6	6	学士、マイスター、商業スペシャリスト、経営管理スペシャリスト、IT実務スペシャリスト、ファッハシューレ-高等職業学校
5	5	ITスペシャリスト、サービステクニシャン
4	4	デュアルVET（3/3.5年）、後期中等教育修了資格（Allgemeine Hochschulreife）
3	3	デュアルVET（2年）、実科学校（レアルシューレ）第10学年修了資格
2	2	職業訓練準備、若者対象導入訓練、全日制職業学校、基礎職業訓練
1	1	職業訓練準備

ではどのレベルに相当するかなど、これまで不透明だった内容が整理され、ドイツ国内外の学習者、教育機関、産業界などにとって有益な情報を提供している点で、DQRは意義があります。最近の調査[14]では、とくにマンパワーが限られるドイツの中小企業の人事採用や人材開発において、DQRが活用されている事例が報告されており、能力評価の参照ツールとしての役割が期待されます。

《注》
⑴　文部科学省　技術教育及び訓練並びに職業教育及び訓練（TVET）に関する
　　勧告　https://www.mext.go.jp/unesco/009/1387293.htm

第2章　質管理と質向上

⑵　本田由紀（2020）『教育は何を評価してきたのか』岩波新書

⑶　Branson, R.K.（1990）Issues in the Design of Schooling: Changing the Paradigm. *Educational Technology* 30⑷ 7-10を参考にして著者が記述・作図

⑷　川口昭彦、竹中　亨（2022）『高等教育に求められるマネジメント・ディベロップメント』専門職教育質保証シリーズ（一般社団法人　専門職高等教育質保証機構編）ぎょうせい　p. 49

⑸　中央教育審議会大学分科会（2020）『教学マネジメント指針』https://www.mext.go.jp/content/20200206-mxt_daigakuc03-000004749_001r.pdf

⑹　中央教育審議会大学分科会（2023）『教学マネジメント指針（追補）』https://www.mext.go.jp/content/20230228-mxt_daigakuc01-000004749_1.pdf

⑺　中央教育審議会大学分科会大学教育部会（2016）「卒業認定・学位授与の方針」（ディプロマ・ポリシー）、「教育課程編成・実施の方針」（カリキュラム・ポリシー）及び「入学者受入れの方針」（アドミッション・ポリシー）の策定及び運用に関するガイドライン」https://www.mext.go.jp/b_menu/shingi/chukyo/chukyo4/houkoku/icsFiles/afieldfile/2016/04/01/1369248_01_1.pdf

⑻　本書では、「学修成果」と「学習成果」を区別して使っています。p. 95を参照ください。

⑼　一般社団法人　専門職高等教育質保証機構（2023）専門職大学分野別認証評価　評価基準要綱（リハビリテーション分野）p. 4

⑽　独立行政法人 大学改革支援・学位授与機構（2019）『高等教育機関の矜持と質保証　多様性の中での倫理と学術的誠実性』高等教育質保証シリーズ　ぎょうせい　pp. 153-168

⑾　EQFは、2008年に策定され、2017年に改訂された。詳細は以下を参照：The Council of the European Union（2017）Council recommendation of 22 May 2017 on the European Qualifications Framework for lifelong learning and repealing the recommendation of the European Parliament and of the Council of 23 April 2008 on the establishment of the European Qualifications Framework for lifelong learning.

⑿　European Centre for the Development of Vocational Training（CEDEFOP）（2015）National qualifications framework developments in Europe, Anniversary edition. European Union, Luxembourg

⒀　早田幸政（2018）ASEAN地域における高等教育質保証連携と「資格枠組み

123

（QF）」の構築・運用の現段階―今、日本の高等教育質保証に何が求められているか―大学評価研究 第17号 pp. 39-58

⒁　European Centre for the Development of Vocational Training（CEDEFOP）（2018）National qualifications framework developments in Europe 2017. Publications Office of the European Union, Luxembourg

第3章

質 保 証

　営利企業では利益率や収益性など、その業績を評価することは当然の活動
であり、この評価結果を活用して行動計画を練るという長い歴史があります。
営利企業には、その実績を測る上で、「利益」という基準があります。利益は、
企業にとって必ずしも唯一の尺度ではありませんし、最適の尺度でもないか
もしれません。しかし、利益は皆が合意できる共通の尺度になります。企業
にとっては、利益をあげることだけが使命ではありませんが、それは重要な
目的の一つです。

　高等教育評価は、営利企業の評価とは異なって、「利益」では測ることが
できない活動やサービスが対象です。このような視点から、国際的にも「質
保証」という言葉を使うようになってきました。「質保証」とは、一般的に
ステークホルダー（利害関係者）に対して、約束どおりの財やサービスが提
供されていることを証明し説明する行為をさします。したがって、「教育の
質保証」とは、関係者に対して、教育機関がめざす目標に基づいて、教育が
適切な環境の下で、一定の水準とプロセスで行われ、成果をあげていること
を証明・説明する行為をさします。すなわち、「教育の質保証」とは、教育
システム、教育機関、教育プログラムそれぞれの質を分析し、監視し、保証
し、維持し、改善する継続的なプロセスをさす包括的な言葉です。質保証は、
説明責任と改善の双方に焦点をあてます。定められた基準と合意を得た一貫
した方法を通じて、判断結果や情報を提供するものであり、格づけやランキ
ングを目的としたものではありません。教育機関自らが、質保証（内部およ
び第三者）結果に基づいて、諸活動の質の改善・向上を図り、説明責任（ア
カウンタビリティ）を果たすことが、社会的な流れとなっています。

　質保証の責任は、第一義的には教育機関自身（内部質保証）にあります。

第二部　多様なニーズに対応する質マネジメント

しかし、国際的な流れとして、内部質保証に加えて、第三者機関が教育機関の諸活動の質の現状分析と保証を行うことが求められています。現在、教育機関は多くの情報を社会に向けて積極的に発信しています。しかし、教育機関自身が発信する情報だけでなく、第三者機関による質保証情報も不可欠であることが国際的にも広く認識されています。

第1節　質保証の使命

　教育機関にとっては、良質の教育を学生に提供し、優れた人材の育成が最大の使命であり、存在意義でもあります。自学の教育に教育機関が自ら責任をもつことは当然ですから、質保証を通じて、教育の質の改善・向上を図る努力は、教育機関の責務です。
　質保証の第一の使命は、教育機関における諸活動の質の改善・向上に資することであり、第二は、諸活動に関する社会的説明責任を果たすことです（図2-9）。教育機関は、その教育の質が所定の水準に達していることを、社会に説明する義務があります。

図2-9　質保証の二つの使命

　社会的説明責任は、ユニバーサル段階に達している高等教育では、以前にも増して求められています。高度専門人材の養成、次世代に向けたイノベーション、地域の社会経済への貢献など、高等教育機関の社会的使命が拡大・複雑化し、教育機関と社会のつながりが深まるとともに、社会的責任も重くなっています。次世代を担う人材の育成が達成されているのかが問われます

から、教育機関はこれらの点を、多様なステークホルダーや一般社会に対して説明する責任があります。質保証情報を公表することによって説明責任が果たされます。「出口における質保証」論[1]に、この見方が端的に表れています。「出口」すなわち卒業時に、学生が所定の資質・能力を修得していることを保証すべきとする意見です。

　質保証の使命を二つに分けましたが、両者は截然と区別できるものではなく、絡み合う面が多々あります。教育機関が説明責任を果たすためには、その教育の質が所定の水準に達していることを検証しなければなりません。検証の結果、想定された水準に達していないと判明した場合には、当然その教育機関には、改善を図る義務が生じます。すなわち、説明責任は改善・向上を暗黙裡に含んでいることになります。両者は互いに重複しますが、本書では敢えて両者を分けました。その理由は、以下のとおりです。

　第一に、両者は必ずしも両立するとは限りません。むしろ質保証の実践場面では、両者が齟齬をきたすことは少なくありません。たとえば、説明責任の観点からすれば、教育活動の実態を「見える」化することが望ましいと考えられます。このためには、学生に対するアンケート調査の頻繁な実施などの手を打つべきです。しかし、アンケート調査の頻度が増えると、それらへの対応や準備の作業が膨大になりますし、学生に徒労感を感じさせかねません。期待される改善効果に対して、実施の手間暇ばかりが増えて、教育・学修に取り組む上での妨げにもなりかねません。

　第二に、両者の主体が異なります。説明責任のための質の検証は、教育機関が自己点検・評価として行うことも外部評価機関が行うことも可能です。しかし、所定の水準が未達だと判明したとき、具体的な改善策を立案し実行するのは教育機関自身です。外部評価機関は欠陥の指摘はしますが、教育に第一義的に責任をもつのはその教育機関です。

第二部　多様なニーズに対応する質マネジメント

第2節　内部質保証と第三者質保証

　内部質保証は、コラム2-11のように定義されています。定義の文言は明快ですが、内容がはっきりしないという声がよく聞かれます。おそらく、自己点検・評価との関係が明確ではないことが原因と思われます。自己点検・評価は「自らの教育研究等の状況について自己点検し、現状を正確に把握・認識した上で、優れている点や改善を要する点などについて自己評価を行う。」と定義されています[2]。すなわち、自己点検・評価は、内部質保証を実施するためのセルフ・モニタリング機能です。

> **コラム 2-11**
>
> **内部質保証**とは、
> 教育機関が、自らの責任で自学の教育活動などの**点検・評価**を行い、その結果をもとに**改善・向上**に努め、**教育活動などの質を維持し向上**を図ることによって、**その質を自ら保証**すること。

　内部質保証は、自己点検・評価を含めて、より広義の概念と考えるべきです（図2-10）。両者の差は、PDCAサイクルにおけるA局面の有無にあります。自己点検・評価は、PとDをうけて、Cまでを行う局面にあたります。しかし、実効ある改革・改善が実現し、PDCAサイクルが完結するには、最後のAが実施されなければ、「評価のための評価」に終わってしまいます。内部質保証の重要な点は、点検・評価結果と連動する改善が実行され、その成果が広く社会に公表・説明されるプロセスまで含まれています。そして、公表された質保証情報に対する社会からのフィードバックを分析して改善に資する作業も含まれます。自己点検・評価が現状の「把握」を目的とするのに対して、内部質保証には「質改善・向上」と「説明責任」に力点があります。

　各高等教育機関には、内部質保証システムの構築が必要です。基本的には、内部質保証は、教育プログラムごとに実施する必要がありますから、教育機

第3章　質保証

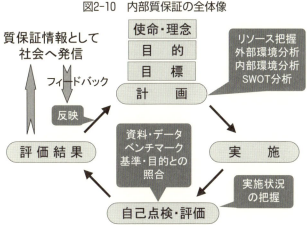

図2-10　内部質保証の全体像

関の規模や歴史によってシステムは異なるものとなります。専修学校は、その目的、対象、制度の特性から、カリキュラム等での自由度が高く、多様な教育を展開している特徴があります。また、専門性を有する分野[3]や入学資格等により区分された課程（高等課程、専門課程、一般課程）ごとに、必要な教員組織、施設設備等に係る要件が異なることから、その形態はさまざまであり、学校ごとの差異が大きくなっています。このため、それぞれの学校または教育プログラム単位で分野の特性や課程の区分を踏まえた多様な評価項目・指標の設定が必要になります。また、専修学校教育の目的に沿った、職業教育の内容と密接に関係する企業・関係施設等との連携による適切な質保証システムの構築も必要です。

　専修学校質保証の枠組は、①専修学校設置基準（文部科学省）および各分野に関連する法令・規則等、②内部質保証（自己点検・評価および学校関係者評価）、③第三者質保証です（図2-11）。この枠組のうち、内部質保証には、学校の自己点検・評価と学校関係者評価が含まれます。学校関係者評価は、評価項目・方法、評価者は学校自身が決めていますので、「第三者評価」とは国際的に認知されません。これに関する詳細は前書[4]を参照ください。

129

第二部　多様なニーズに対応する質マネジメント

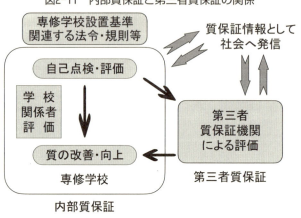

図2-11　内部質保証と第三者質保証の関係

　第三者質保証は、内部質保証に加えて、第三者が設定する評価基準に基づき、専門的・客観的視点から評価し、その結果を踏まえて、学校の優れた取組や今後の学校運営の課題や改善の方向性等を提示することを目的とするものです。

　一般社団法人 専門職高等教育質保証機構（以下「機構」と略します。）は、専門職大学・短期大学（ファッションビジネス分野、リハビリテーション分野、アニメ・マンガ分野、経営ビジネス分野、情報工学分野、農林環境分野、動物ケア分野）および専門職大学院（ビューティビジネス分野、教育実践分野）の分野別認証評価機関として文部科学大臣から認証されています[5]。この分野別認証評価の経験をもとに、専修学校専門課程が、自己点検・評価を実施する際のマニュアルを作成・公表しております[6]。

　機構は以下のような3項目の基本的な方針を掲げています。なお、この自己評価マニュアルは、将来、専修学校専門課程の第三者評価が義務化されること（令和8年4月1日から施行される学校教育法、p.103）を想定して作成されています。

(1) **学修成果を中心とした自己点検・評価**：専修学校専門課程教育は、実践的な職業教育を目的としていますから、実務に必要な資質・能力に係る質

保証の視点を踏まえた自己点検・評価が重要です。専修学校専門課程教育に期待されている学修成果は「職務遂行能力」です。職務遂行能力には、①知識・技能、②人間力：思考力（批判的思考力と創造的思考力）、判断力、表現力、③主体的に多様な人々と協働して学ぶ態度・力：主体性、多様性、協働性の三要素が含まれます。学修者本位の教育が重要視される中で、学生の身につけた知識・技能、経験の質の重要性を踏まえて、学修成果を中心として専修学校専門課程の教育活動などの状況について自己点検・評価を実施してください。

(2) **内部質保証を重視した自己点検・評価**：専修学校専門課程教育の質の維持・向上、授与される称号・職業資格等の水準の保証については、第一義的には学校自身に責任があります。専修学校専門課程が、自ら教育活動等について継続的に自己点検・評価を行い、その結果を改善に資することにより、教育活動等の質の維持・向上を図ることを「内部質保証」と位置づけて、内部質保証の体制が整備され機能していることが重要です。

(3) **個性の伸長と質の改善・向上に資する自己点検・評価**：自己点検・評価は、あらかじめ共通的に定められた専修学校専門課程教育評価基準に基づいて実施することになりますが、画一的な評価が期待されているのではなく、各専修学校専門課程の個性や特色が十分に発揮されることが求められます。そして、社会の変革に対応した教育の質の改善・向上を絶えず図り、進化の激しい社会を牽引できる能力を備えた人材の育成を社会は期待しています。

第3節　質保証情報に基づく学校選択

二十世紀は物質的豊かさが価値として重視され、発展・成長が目標とされましたが、二十一世紀社会では価値観が多様化しています。モノ中心の画一的な見方ではなく、価値観の多元化が進んでいます。環境と持続的発展、多様性と社会的包摂、地域社会と共生など、キーワードを思い浮かべるだけで

もそれは明らかです。高等教育は、多様化・複雑化した使命を果たす中で、多種多様なステークホルダーと関わりをもつことが求められます。ステークホルダーごとに質の理解は異なり、教育の質の中味も多様なことの認識が重要です。

わが国では、入学試験の難易度（偏差値）によって教育機関を選択する傾向が根強く残っています。しかしながら、ある学生にとっては、学びへの欲求を満たしてくれる学修が大切でしょうし、他の学生は、就職に役立つ学修サービスに重点を置くかもしれません。将来の雇用主である企業や団体は、それぞれの業務に役立つ人材を育ててくれる教育を歓迎します。教員は、自分の専門分野で後継者となる人材の育成を求めるでしょう。これら多様な質理解は、それぞれの立場と必要に応じた理解であり、教育機関はこれらに対応する必要があります。もちろん、そのすべてを等しく斟酌して対応することは不可能であり、教育機関の主体的な対応の軽重や取捨選択が不可欠です。これこそが各教育機関の個性であり、これをみて学生は教育機関（あるいは教育プログラム）を選択しなければなりません。

このように、社会の人材に対するニーズが多様化・複雑化するとともに、高等教育機関も多種多様になっています。教育、研究、産業界との関係、国際化などの種々の観点の重要度は個人個人にとって異なりますから、一元的な評価情報では判断できません。第三者質保証機関から発信される多元的な質保証情報による学校選択が行われることを期待します。

《注》
⑴　文部科学省（2022）大学振興部会「出口における質保証」について（審議経過メモ）」（第7回配付資料）https://www.mext.go.jp/content/221205-mxt_koutou01-000026276_2.pdf
⑵　大学分科会制度部会（2006）第16回配布資料　https://www.mext.go.jp/b_menu/shingi/chukyo/chukyo4/003/gijiroku/attach/1415993.htm
⑶　専修学校設置基準においては、8分野（工業、農業、医療、衛生、教育・社

会福祉、商業実務、服装・家政、文化・教養）ごとに規定している。

(4)　川口昭彦（2015）『高等職業教育質保証の理論と実践』一般社団法人　専門職高等教育質保証機構　専門学校質保証シリーズ　ぎょうせい　pp. 98-102

(5)　一般社団法人　専門職高等教育質保証機構ウェブサイト　https://qaphe.or.jp/cert/sector

(6)　一般社団法人　専門職高等教育質保証機構ウェブサイト　https://qaphe.or.jp/cert/vocational

第三部

学生の学び（学修成果）の アセスメント

第三部　学生の学び（学修成果）のアセスメント

　アセスメント（assessment）とは、利用者に関する情報を収集・分析し、自立した日常生活を営むために解決すべき課題を把握することであり、あらゆる活動や学問領域の幅広い用途に合わせて、その目標や成果に対して用いることができます。二十世紀までの高等教育機関は、「質」の対象を資源（教員の資格や図書館の蔵書数など）や学生（入学時の学力水準）、活動（教員の学識や社会貢献活動など）など投入されるもの（インプットとアクション、コラム2-2　p. 89、表2-3　p. 90）を中心に考えてきました。しかしながら現在では、「教育プログラムや各授業科目が、どの程度目標を達成できているのか？」という視点から「質」を考える動きが強まっています。すなわち、アウトプットやアウトカムズ（コラム2-2　p. 89、表2-3　p. 90）の「質」を重視する考え方です。別の言葉で説明しますと、コンプライアンス（compliance）、ガバナンス（governance）およびパフォーマンス（performance）のうち社会が注目している情報は、教育プログラムのパフォーマンスです。このため、各プログラムの目標達成状況を示す資料を収集・検証することに力点をおく必要があります。「学生の学び」は教育プログラムの基盤となる目標であり、そのアセスメントはプログラム・レビューを構成する重要な要素として位置づけられるべきです。教育のアセスメントが理論的・体系的に研究されるようになったのは、1990年代以後です（コラム3-1）。

　二十世紀までの高等教育（とくに大学）は、教員目線（供給者目線）による個別バラバラな授業科目の寄せ集めだったかもしれません。現在では、多様で複雑な二十一世紀社会に貢献する人材を育成することが期待されます。このため、プログラムごとの明確な目標のもとで、各授業科目やクラス外での体験が相互に効果を高め合いつつ、体系的かつ一貫性のある学修経験の積み上げに資することが求められます。そうした目的に添った教学マネジメントが重要であり、アセスメントを体系的かつ協働的な学修経験の一部として捉える必要があります。

　最初に、「アセスメント」と「評価（evaluation）」の違いを説明しておきましょう。評価はさまざまに定義づけされていますが、それらのうち目標とする学修成果（コラム3-1①）と達成された学修成果（コラム3-1③）が一致

> ### コラム 3-1
>
> **学生の学びのアセスメント**とは、
> ① 学生の学修において**期待される成果を明確かつ測定できる形で策定**する。
> ② 学生がこの成果を達成するための**機会を提供**する。
> ③ 期待される成果と学生の学修がどの程度一致しているかを示す**根拠資料を体系的に収集、分析、解釈**した上で判断する。
> ④ アセスメント結果の情報を用いて学生の学修に対する理解を深め、その**改善**に活かす。
> 上記のプロセスを**継続的**に行う。
>
> Angelo, T.A. (1995) Reassessing (and redefining) assessment. AAHE Bulletin. 48(3) pp. 7-9

しているか否かを確認する場合には、アセスメントと評価は同じ意味をもち、アセスメント資料は評価に活用できます。高等教育機関に対しては、教育だけではなく、研究活動、地域社会への貢献、費用対効果などの評価も求められます。これらの場合には、評価はアセスメントよりも広い概念となります。

第三部　学生の学び（学修成果）のアセスメント

第1章

教学マネジメント

　デジタル社会を迎え激変する社会環境下で、高等教育に対する期待が変化しています。人口爆発・転換、環境負荷や人権問題にともなって持続可能な開発目標（Sustainable Development Goals, SDGs）が強調されるとともに、グローバル化の進展や人生100年時代を迎え、社会の複雑化・個別化が進み、個人間の相互依存を深める必要性が高まっています。このような時代の高等教育像として、中央教育審議会答申『2040年に向けた高等教育のグランドデザイン』は「学修者本位の教育」を謳いました[1]。デジタル社会では、ルーティンな作業は自動化してAIや機械に行わせることが可能になりますから、ヒトに残される重要な作業はコミュニケーションによる調整となります。したがって、人間として他者を尊重し、信頼を築き、価値を創造することが求められますから、ネゴシエーション力や独創性、問題解決力等の情動制御を含む幅広い認知能力が、問われるようになります。「学修者本位の教育」とは、「個々人の可能性の最大限の伸張」に重点が置かれ、学生が必要とする資質・能力の最適化を図る学修をめざすものです（コラム3-2、図1-4　p. 21）。学生自身が、自らの目標を認識して主体的に学修に取り組み、その成果を自ら適切に評価した上で、新たな学びに踏み出していく自主性・自律性が重要で

コラム 3-2

　「学修者本位の教育」とは、学生が、
①　自らの**将来ビジョンをもち、**
②　学修成果として身につけた**資質・能力を自覚し、**
③　それを**活用**できる。
④　学修成果を自ら**説明**し、社会の**理解を得る**ことができる。

第1章　教学マネジメント

す。教育機関には、この学修者本位の教育を実現していくための教学マネジメント（学生の学びのマネジメント）が求められます。

第1節　学生の学びのマネジメント

　オンラインツールの普及とともに、学生の学び（学修成果）を記録し、フィードバックすることが容易になりました。教材の配布や成績の記録、教員と学修者とのコミュニケーションを統合するツールとして、Learning Management System（LMS）が利用されています。教員が自らサーバを立ち上げて運用するものから、有料サポート付きで業者に運用を委託する大規模なものまで、Blackboard, Canvas, Moodle, Sakaiなどの選択肢があります。教育機関向けのオンラインアカウントを用いて、Google ClassroomやMicrosoft Onenoteも利用できます。このようなオンラインツールを活用する目的は、個々人の理解度やニーズに応じた、学修者中心の学習コンテンツの提供です。学修者と教員、あるいは学修者同士が、オンラインツールを介した共同作業を推進する効果も期待できます。

オンラインツールの活用による学びの個別最適化
　LMSには、メディア教材配信、オンラインテスト実施、リアクションペーパー収集、レポート提出、評価結果フィードバックなどの機能があります。これらの利用により、従来のように授業時間を中心として知識のインプットとアウトプット、評価を詰め込むのではなく、反転授業[2]のように、知識の習得は予習として行わせ、授業内ではグループワークなどを通じた学修者の成果作成とプレゼンテーション、インターンシップでの実技や実習に集中することもできるようになります。
　二十一世紀型スキルを評価するための枠組（フレームワーク）作成の際にも、同様な評価方法の使い分けが想定されました（図3-1）。この枠組は、初等中等教育を対象として適用が進みました。フレームワークを設置した国や

139

第三部　学生の学び（学修成果）のアセスメント

地域では、知識を問う設問について、教育機関、自治体、国ごとに共通のコンピュータ試験を用いた統一化が進められました。高度なシステムを利用するならば、自由記述回答や批判的思考の達成度を自動採点することも可能です。ACT21S（第一部　第3章　第1節　pp. 54-60）の理念では、テストによる成績評価の目的は、その時点での学修者の不足部分を確認することよりも、むしろ学修者のニーズをより発展的に捉えた教育プログラムの設計にあります。そのために、ICTを活用した自動採点や、達成度基準の標準化を行うことが想定されます[3]。

図3-1　二十一世紀型スキルを評価するための枠組とマネジメント

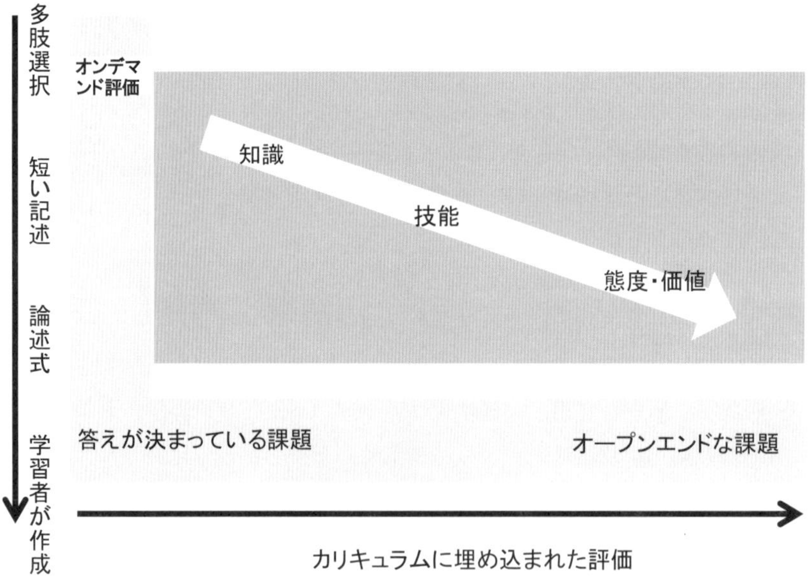

文献(2) p. 162 図4-1を参考に筆者が作成

マイクロクレデンシャルフレームワークの標準化と外部通用性

　高等教育や生涯学習の継続性や通用性を担保する上でも、フレームワーク

140

第1章 教学マネジメント

のそれぞれの柱で学習達成度が定義されることが必要です。学修者が自らの学修歴を安全に保持し、必要に応じて他機関に提示するためのシステム整備が進められています。マイクロクレデンシャルの拡大はこの取組に依拠していますが、標準化の主体は、その社会における職業訓練に対するステークホルダーによって異なります（図1-19 p.74）。マイクロクレデンシャルの用途が、就業や社会生活内での提示なのか、あるいは次の教育資格や公的資格への接続にあるのかによっても、どのようなクレデンシャルを用いるのかが異なります。

　マイクロクレデンシャルの認知度を高め、運用を拡大したのはアメリカ合衆国です（第一部 第2章 第2節 pp.36-42）が、合衆国では「代替的クレデンシャル」という表現が用いられてきました。巨大IT企業などが卒業歴を代替するような価値のある学修歴の認定証を発行し、その他の業種においても同様の研修歴や資格の証明が活用されていることを表現しています。デジタルバッジが活用されますが、特定のスキルを証明し、就業に役立てるという意味合いが強くなっています。コンピテンシーは関係する分野の学術組織や業界団体が定義し、1 EdTech（旧IMS Global）の定義するCASEという形式に整理して、バッジに電子的に書き込むことが推奨されます[4]。内容面では、職種間での通用性や地域・国際通用性はあまり重視されません。

　ここで「コンピテンシー」について説明しましょう。コンピテンシーは、企業などで人材の活用に用いられる手法で、高い業績・成果につながる行動特性（職務遂行能力）を意味する言葉として使われ始めました（1960年代）。二十世紀末頃から、教育分野にも「コンピテンシー」という言葉が登場しました。コンピテンシーは、知識や技能よりも上位概念と位置づけられ、課題を解決するにあたって、リテラシー（知識や情報を活用する能力）だけではなく、その課題に対して適切な行動がとれることを含みます（コラム2-9 p.110）。すなわち、コンピテンシーには、専門職的能力に加えて基盤的能力［ネゴシエーション力や社会的（人間的）能力］が含まれます。二十一世紀社会では、幅広い知識と柔軟な思考力に基づいて、自らのアイデンティティーを

141

第三部　学生の学び（学修成果）のアセスメント

主張し、他者の理解を得るとともに協働的に成果をあげることが求められます。

　学術カリキュラムの要請する科目や単位の構成に関しては、アメリカ合衆国では一定の共通性を担保した共通のシラバス・ナンバリングシステムがあり、科目番号によって、その授業のレベルと分野、授業の種類を判断することができます。これは学生が、自分の学びの体系を組み立てたり、他の大学と単位互換を行ったりする際の手がかりとなります[5]。

　ヨーロッパでは、国際的な単位互換の取り決めは、ボローニャ・プロセスのヨーロッパ単位互換制度（European Credit Transfer System, ECTS）を基準にしており、学修の分量やレベル、分野を記述します。単位互換制度はアメリカ合衆国やアジア太平洋圏（表3-1）にもありますが、ECTSとは学修量の換算基準が異なります[6]。ヨーロッパでは、職業教育も公教育で行われ、学術教育との通用性が重視されます。ヨーロッパおよび各国の資格枠組（Qualifications Framework, QF）では、学修のレベルと、それぞれに対応するコンピテンシーが記述されます。分野共通のコンピテンシー記述と、各専門分野に特有な具体的な学修目標とがあります。各国・地域はそれぞれの社会や制度の経緯に沿った資格枠組をもつことができますが、EQF（欧州資格枠組）など地域フレームワークとの対応づけを定義しておくことで、その学修がどのレベルに相当するのかを簡単に記述することができます[7]。

表3-1　国際的な単位互換制度

ヨーロッパ単位互換制度（ECTS）：欧州高等教育大臣連合
UMAP単位互換方式（UCTS）：アジア太平洋大学交流機構（UMAP）
ASEAN単位互換制度（ACTS）：ASEAN大学連合（AUN）
アジア学術単位互換枠組み（ACTFA）：東南アジア教育大臣機構・高等教育開発センター(SEAMEO-RIHED)

　韓国、中国、タイ、インドで運用が広まっている単位銀行制、もしくは生

142

第1章　教学マネジメント

涯学習口座制は、学術的な単位積み上げの考え方を軸に、職業教育や生涯学習の履歴も蓄積し、可能な場合には学位取得につなげる取組です。その学習歴が単位換算されるものである、という質保証が行われていればよく、国内向けに閉じたサービスを展開しています。この方法を日本の制度に読み替えると、既存の既修得単位認定や科目等履修、履修証明プログラムを整理して、学習者にとって使いやすいインターフェースにまとめたものといえます。それぞれの学習のまとまりが小さく、個々では外部に価値をアピールしづらいもの、数の多い学習歴の管理に向いています。

　多くの国では、学習単位の認定や通用性確保のために、複数の方法を組み合わせて使っています。提供する教育プログラムの学修歴がどのような場面で用いられると想定するかによって、フレームワークの適用と証明方法を検討する必要があるでしょう。

マクロクレデンシャルとマイクロクレデンシャルのデジタル資格証明

　教育プログラムを修了したことを示す修了証は、海外では電子的に流通するようになっています。卒業証明書や学位などのマクロクレデンシャルと、より小さな学修単位に相当するマイクロクレデンシャルとでは、技術や提供の仕方が異なりますので、現状を整理します。教育内容のフレームワーク設定だけではなく、資格証明の方法についても、ボトムアップに行う体制とトップダウンに行う体制とがあります[8]。

　日本でも、語学検定であるTOEICの公式認定証が、従来の紙ベースのものからデジタル証明書に切り替わっています。紙文書は、改ざんが容易であり、真正性の確認も行うことは困難です。デジタル証明書は用途に応じて、真正性の証明書をつけることができますし、後で再利用可能なかたちで関連データを付加することも可能です。分散台帳技術であるブロックチェーンの普及により、オンラインデータの非改ざん性の証明をネットワーク内で分散して安全に管理することが容易になり、金融取引や契約などのビジネス場面のみならず、教育データの蓄積や管理にも用いることが可能であると期待さ

143

第三部　学生の学び（学修成果）のアセスメント

れています。TOEICのデジタル認定証にも、ブロックチェーンを用いた証明書が添付されます[9]。また、主にマイクロクレデンシャルを証明するために用いられているデジタルバッジも、国内ではブロックチェーンで証明書を添付することが主流とされてきました。

　一方で、膨大な数が流通している海外のデジタルバッジは、ブロックチェーンでの証明書を用いていないものが大部分です。ブロックチェーンによる証明はマイクロクレデンシャルの取得証明手段としては、ややオーバースペックです。MOOCsや大学などで提供されるコースの修了証明書がデジタルバッジで発行される場合、それらのバッジは取得者のデジタルウォレットの中で保管され、必要とする相手に開示されることになります。その際に、発行機関による真正性の証明だけで十分なケースが多く、ブロックチェーンを使い非改ざん性を複数事業者で担保し合う必要性は必ずしもありませんでした。デジタルバッジの証明には、現在OpenBadgeという規格が標準的に使われています[10]。OpenBadgeにはJSON-LPという形式に整理したメタデータが付加されており、バッジの保持者は自分自身が本物であるという証明を利用して、取得したバッジを用いることができます。しかしながら、OpenBadge version 2までの主流は、発行されたデータは発行者側が集中管理し、利用者はそこにアクセスすることによって、証明書の真正性に関するデータを取得する形式でした。証明されるデータとバッジ自体は、実際は証明書を発行する機関が委託したプラットフォーム管理業者が保管しています。この方法ではデータの安全性や存続性はプラットフォームの信頼性頼みとなります。

　OpenBadgeはversion 3に移行しようとしており、データ形式としてVerifiable Credentials Data Model version 2.0を採用、バッジを取得した側がデータと証明書を自ら保持し、管理するようになります[11]。マイクロクレデンシャルで証明される学修歴は学習者のものであるという観点に立ちますと、保守やプライバシー保持の観点からも、このように分散的にデータを保持する設計が理想的です。一方で、発行者の信頼性の証明がとくに重視される場合や、発行者がオリジナルデータを責任をもって管理し、活用すること

144

が期待されるデータに関しては、中央集権的に証明書を管理し、デジタル証明を行う方法が適しています。卒業証明書や学位取得証明書などのマクロクレデンシャルがこちらに相当します[12]。マクロクレデンシャルもマイクロクレデンシャルと同様、画像イメージにデータと電子証明書が書き込まれたものですが、現在のところ画像は卒業証書のPDF画像、データ書き込み形式はxmlが用いられるのが一般的です[13]。電子証明の方式としてはEUの定めるeIDAS規則に準ずるAdvanced Electronic Signature（AES）が主流です。Adobe Signや、法人・官公庁向けのeシールサービスがこれに相当します。

　中央集権的な証明管理の問題点は、データセンターの管理にコストがかかることと、証明書検証の際に発行側に確認が行われるため、利用者が証明書を提示したことが発行側に知られてしまうことによるプライバシー上のリスクがあることです。小規模な教育機関の統廃合や災害による逸失から大切な学修歴を守るためには、行政的に修了証を引き取って管理する方法と、分散型IDを用いて個人がデータと電子証明書を保持する方法とを組み合わせていくことが想定されます（図3-2）。

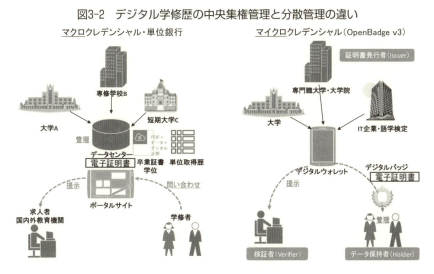

図3-2　デジタル学修歴の中央集権管理と分散管理の違い

第三部　学生の学び（学修成果）のアセスメント

第2節　学生、教員そして社会の意識変革

　マイクロクレデンシャルの浸透と表裏一体となっているのが、学習成果に対する評価です。コンピテンシーに基づく評価（competency based evaluation）が必要です。伝統的な教育機関では授業時間と教室が決められており、その教室で行われる授業に出席することが成績評価の前提となっている場合が多数です。既定コースの必修授業とされている場合、内容をすでに習得していても、出席時間が足りなければ成績評価が行われず、コースも修了できないことが起こります。これでは、個別のニーズに対応した柔軟な教育提供方法とはいえません。

コンピテンシーに基づく評価

　MOOCsなどのリモートでの学習の場合、教室での在席時間はカウントできませんので、他の方法で学習成果を確認する必要があります。LMSには授業動画の視聴履歴を記録する機能をもつものがありますが、音声情報を自動書き起こしして示すサービスを利用すれば閲覧時間を短縮できますし、「動画を再生したから学修が行われた。」と判断することも必ずしも妥当とは言えません。そのため、毎回小テストや課題提出を求め、学習が行われたかどうかを確認した上で、修了証（クレデンシャル）が発行されます。IBMなどが無料の教育コンテンツをMOOCsとして提供し、修了者に対してデジタルバッジを発行しています。その際も、自動採点のテストへの正答が求められます[14]。信頼性の高い教育プログラムの修了証取得には費用が掛かりますが、その費用の多くは、学修成果を厳正に評価するための設備や人件費です。コンピュータ上で試験を実施する場合でも、1）不正行為を防ぐために定められた会場で一斉実施[15]、2）回答者の周囲を監視するソフトウェア等を用いた不審な動作の監視[16]、3）インターネットや書籍の参照などでは容易に回答できない設問によって思考の深度や習得度を判断する等の方法がとられます。

146

第1章　教学マネジメント

　特定の教育プログラムの分量は、便宜的には対応授業時間で表現されており、それが単位数に換算されます。しかし、達成度の成績評価は、授業への参集時間（seat time）ではなく、修得した能力（competency）を評価としなければならないことは、マイクロクレデンシャルのみならず教育現場に共通する課題です[17]。

　その前提として、教員は授業で習得が期待されるスキルをシラバスに明確に記述しなければなりません。学修成果の評価自体には時間と手間がかかりますが、それを集約しフィードバックする際にかかる作業は、LMSやクラウドサービス上の共同編集機能を活用することによって軽減できます。専用システムが用意できなくても、紙やExcelでの情報提出を、フォームなどデータが再利用できるかたちで収集するよう心がけるだけでも、負担を軽減し教育活動に専念しやすくする効果があります。

教育の目的は、ものを学ぶことではなく、不確実な状況に対応する知を生みだすスキルを養うこと：高等教育と就業力を接続する

　学習成果の評価は、もちろんテストやリアクションペーパー、レポートのみで行われるものではありません。職業教育の現場では、実地での作業スキルや問題対処能力が評価されるケースが多いでしょう。そして職業教育でも大学院相当レベルでは、マネージャーなど管理業務や経営に対応するスキルが求められます。すなわち、修得した知識や技能を自分のものにしているだけではなく、未知の状況に直面した時にその課題を整理して、新たな解決方法を他者とコミュニケーションをとりながら作り出していく能力が要求されます。これらは、ヨーロッパの資格枠組ではレベル7および8に相当します（表2-11　p. 116、表2-12　pp. 117-119）。これらは、学術大学の大学院において、新たな知を生み出すプロセスを自ら行うことができるかを、学術論文の執筆によって評価されることに対応します[7,18]。

　地域や専門分野によって異なりますが、専門的職業スキルを身につける大学院課程（1年程度）の修了証はDiplomaとよばれるのに対し、学術的にも

147

第三部　学生の学び（学修成果）のアセスメント

研究活動を行い学術論文を執筆した場合は学位（Degree）を取得できる、という区別が一般的です。すなわち、職業教育の側からみても、新しい知見をつくりだすための体系的な知識・技能として学術研究の重要性を認め、学修課程が接続されています。一般大学や大学院でも工学系などにみられるように、インターンシップによって実務者と共に現場の問題を解決していくことを重視する専門分野もあります。卒業者のネットワークや近隣の企業や機関との結びつきが、現場参入型の教育プログラムを支えています。

　これらの教育プログラムでは、学修した知識やスキルを身につけるだけではなく、自ら問題を発見する能力と、その問題を専門体系にもとづいて整理し解決する能力を育てることが、職業教育と学術教育が共通してめざすべき目標です。高レベルの資格には、不確実で前例のない問題に対する対応能力として、新たな知識・技能を創造できること、他分野との協働が求められます。

コラム 3-3

アメリカ合衆国の企業は卒業した**大学の知名度**を気にしないのだろうか？
状況と分野によるものの、デジタルバッジ（短期的スキルの保証）が、あまりにも多数発行されているために、むしろ仕事への**創造的な意欲をはかる学位**（教養的な学問経験の幅）を求めるというレポートもある。大まかで簡便な能力推定の資料として、合衆国企業も世界ランクやアイビーリーグであるか否かといった大学の評判に注目している。
しかしながら、重視されるのは、取得したクレデンシャルよりも、実際にこなしてきた**実務経験**である[19]。

《注》

(1)　中央教育審議会（2018）『2040年に向けた高等教育のグランドデザイン（答申）』
　　https://www.mext.go.jp/content/20200312-mxt_koutou01-100006282_1.pdf

(2)　ジョナサン，B.，アーロン，S.（著）上原裕美子（訳）山内祐平、大浦弘樹（監修）（2014）『反転授業』オデッセイコミュニケーションズ

(3) 三宅なほみ（監訳）グリフィン，P．ほか（編集）（2014）『21世紀型スキル：学びと評価の新たなかたち』北大路書房

(4) 宮崎誠（2021）「ぺた語義：IMS CASEの仕様とその可能性」情報処理　62(10) 550-553

(5) 正路真一ほか（2020）「国内外の大学の科目ナンバリングシステムについての考察」三重大学高等教育研究　1-9

(6) Ulicna, D.（2011）Study on the use of credit systems in higher education co-operation between the EU and the US - Final Report, GHK in cooperation with Technopolis

(7) 川口昭彦（2015）『高等職業質教育保証の理論と実践』専門学校質保証シリーズ（一般社団法人 専門職高等教育質保証機構編）ぎょうせい　pp. 117-120

(8) BadgEurope Consortium Technical Resources, BadgEurope Toolkit - Digital Badges and Credentials https://badgeurope.eu/resources/technical_resources

(9) TOEIC® Program公開テストのデジタル公式認定証　2023年4月より提供開始（2023）一般財団法人　国際ビジネスコミュニケーション協会　https://www.iibc-global.org/iibc/press/2023/p220.html

(10) Home IMS Open Badges. https://openbadges.org/

(11) 鈴木茂哉（2023）Verifiable CredentialsとTrusted Web推進協議会の取り組み概要　https://www.nii.ac.jp/openforum/upload/2023-0531_NII-OpenForum-shigeya-r2-compact.pdf

(12) 外国で取得された学歴・学位の証明書類の照会（Verification）ができる外国のサイト・サービス　NIC-Japan　高等教育資格承認情報センター　https://www.nicjp.niad.ac.jp/foreign-system/verification/

(13) China Credentials Verification CSSD. https://www.chsi.com.cn/en/

(14) テクノロジー・エキスパートによる無料のスキル学修｜IBM SkillsBuild（2024）IBM SkillsBuild https://skillsbuild.org/ja/

(15) MOS公式サイトーマイクロソフト　オフィス　スペシャリスト　https://mos.odyssey-com.co.jp/

(16) オンラインテストを提供する試験プログラム　Pearson VUE https://www.pearsonvue.com/jp/ja/test-takers/onvue-online-proctoring/view-all.html

(17) 白井俊(2020)『OECD Education2030プロジェクトが描く教育の未来：エージェンシー、資質・能力とカリキュラム』ミネルヴァ書房

第三部　学生の学び（学修成果）のアセスメント

⒅　川口昭彦，江島夏実（2021）『リカレント教育とその質保証』専門職教育質保証シリーズ（一般社団法人　専門職高等教育質保証機構編）ぎょうせい　pp. 118-120

⒆　Gallagher, S.R.（2016）The Future of University Credentials: New Developments at the Intersection of Higher Education and Hiring. Harvard Education Press

150

第2章　学修目標の策定

第2章

学修目標の策定

　高等教育の社会的使命が拡大・多様化するにつれて、高等教育に利害関心をもつ人々や集団、すなわちステークホルダーも多様化し、かつ増加しています。キャンパスで学ぶ学生とその保護者を始めとして、将来の雇用主としての企業・団体、卒業（修了）生、高等教育政策で接点のある政府、地域社会などが相当します。したがって、それぞれの高等教育機関が育成しようとしている人材像に関する情報（学修目標）の社会に向けた発信が必要です。この学修目標も、知識・技能だけではなく、心や感情的な部分に関わる能力や行動力などの幅広い能力に言及が必要です。

第1節　知識および概念の理解

　学修目標の設定を、資格枠組（表2-11　p. 116）に合わせて考えてみましょう。各資格レベルで求められる能力は、「知識」「技能」「責任と自律性」の三つに分類されています。レベル4［専修学校専門課程（1年制）卒業相当］までは、既存の知識・技能の習得が求められていますので、関連する事実や理論を、周辺領域の理解と合わせて理解していることがゴールとなります。このような知識レベルの習得は、MOOCsやPCを用いた試験でも、効率よく習得し評価することができます。

知識や概念の習得から創造へ

　高等教育が関係するレベル5（短期大学卒業相当）以上では、求められる能力に理論や原理に対する「批判的思考・認識」が含まれています。すなわち、修得対象となっている専門知識がつくられた背景を理解し、知識を身に

151

つけるのみならず、そのアップデートに自ら取り組むことが求められています。学術研究を進める際のプロセスを例示して考えてみましょう（図3-3）。最初に何について明らかにしたいか問題意識をもち、それに対して検討した先行研究や事例を網羅的に収集します。それらをもとに検討すべき問題設定を具体化し（リサーチ・クエスチョンの設定）、問題を明らかにするための調査や実験を設計します。これが研究の本体ですが、その結果を他者に分かりやすく整理して示し、最後にそこから分かったこと、得られた今後への展望を記します。学術研究の場合には、その専門分野の慣行に応じたそれぞれの留意点があります。しかし、問題設定とそれを解決するための取組のプロセスは、ビジネス分野におけるPDCAサイクルと類似しています。

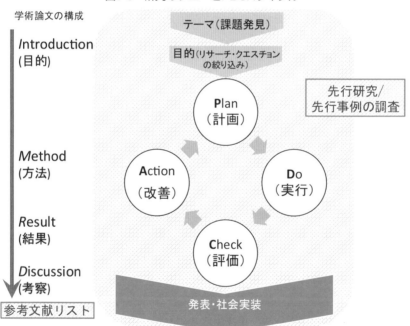

図3-3　研究のフローとPDCAサイクル

学術論文の構成（図の左半分）は、それぞれの項目の頭文字を取ってIMRAD形式とよばれている。

人工知能（AI）時代の知識創造はどのように変わるか

　AIを含む情報処理技術の指数関数的な向上により、研究すなわち、新しい知識を生成するプロセスも変わりつつあります（第一部　第2章　pp. 30-50）。特定の疾患にかかわる遺伝子を探すという研究プロセスを考えてみましょう。これまでは、専門家が特化した専門知識と運によって、多くの時間と人手をかけて発見していた、まさに職人技でした。現在は、高速なDNA自動解析と、世界各国の人々から収集されたDNAのデータベース、症状との複雑な関連性を計算するコンピュータ・システムがあります。さらに、先行研究を人間の代わりに読んで、今まで分かっていることをフローチャートにまとめてくれるAIツールや、人手は関わるものの、データと関連情報を渡すと国際学術雑誌に投稿できる体裁に論文を代筆してくれるサービスもあります。すなわち、これからの社会では、これらの新しい技術を使いこなすことは期待されますが、自ら手作業で行うことができるかどうかは重視されなくなるものと予想されます。

　では、人間に期待される知識と能力として何が残るのでしょうか？　まず、「何を知りたいか」という問題設定でしょう。現在のところ、生成AIも人によるプロンプトなしでは回答を出せません。さらに、従来関連があまり検討されていない異なる分野の知との結合により、問題解決法や新たな展望を見出す能力です。生成AIは、今のところ、既存の集合知をもとに人が考えそうなことを回答するシステムです。しかしながら、AI開発の際に設定されている制限を外すならば、自ら問題設定を行ったり、創発的な解を次々に生みだしたりするツールも可能であると予測されています（pp. 55-58）。

　近年まで人工知能の専門家の中でも、機械的な計算が高等教育の入学試験に回答できるまでの性能を示すようになりうると考えている人は多くはありませんでした。しかし、機械学習の自然言語処理の性能があがることによって、機械翻訳の性能が急速に向上し、文書や撮影画像の翻訳はもちろん、外国語の文書作成支援や、発話データの自動文字起こし・同時通訳も日常的に用いられるようになっています。学習者のビッグデータをもとにした、オン

第三部　学生の学び（学修成果）のアセスメント

ラインの語学学習ツールは教育現場や個人で利用することができます。このような状況により、語学教育の方法や評価方法も、知識の確認については自動採点を用い、そうではない高度な学習に関してはより運用力を試す水準の設定が可能となっています。

　生成AIの普及・発展にともなって、2023年末から語学に限らずレポートの生成や設問への回答を、かなりの精度でAIが代替することが可能になってきました。これに対して、教育機関や各国の教育省、教育機関の認証評価機関、学術誌発行機関、UNESCO[1,2]は、教育成果の評価対象となる成果物の作成に際した生成AIの利用に関する方針を表明しました（図3-4）。生成AIを一律に禁止しないまでも、成果物の作成の際にAIを用いた場合はその事実を明記すること、AIが学習する際に著作権が保護された制作物を不当に用いないこと、というルールが示されました。しかしながら、生成AIは検索エンジンやMicrosoft Officeなどの日常用いられているデジタルツールの機能の一部として普段の作業の中に入り込み、明示的に機能を区別することが困難な場面も多くなっています。生成AIの利用が通常のものとなるにしたがい、現実的に適用可能な倫理的ルールの範囲が定まるものと考えられます。高度なAI開発には膨大な電力が必要となるなどの問題もありますが、今後の教育や職業開発のあり方は、AI開発の進展に大きく依存していかざるを得ないでしょう（コラム3-4）。

第2節　社会的責任スキル：思考および創造のスキル

　二十一世紀型スキルの中で筆頭にあげられていたのが「思考の方法：1.創造性とイノベーション」であったことは、従来型の知識の習得や再生産は自動化されていき、コモデティ化（誰もがもちうる、ありふれた能力となること）することを反映しています。その分野の最新の知識をフォローするための基礎となる知識を身につけることは必要ですが、新しい知識や技術が急速に産み出されて一般化しますので、過去に身につけた知識が古くなる速度

154

第2章　学修目標の策定

図3-4　AIコンピテンシーのフレームワーク（UNESCO 2024）

学習者向け[1]

コンピテンシー分類	進度レベル		
	理　　解	応　　用	創　　造
人間中心 マインドセット	人間の主体性	人間の説明責任	AI時代の シチズンシップ
AI倫理	運用実態	安全で責任ある 使用	倫理の設計
AI技術と応用	AIの基礎	応用スキル	AIツール作成
AIシステムデザイン	問題の設定	構成デザイン	反復とフィード バックループ

教員向け[2]

分　　類	進　　度		
	獲　　得	深　　化	創　　造
1．人間中心 　　マインドセット	人間の主体性	人間の説明責任	社会的責任
2．AI倫理	倫理原則	安全で責任ある 使用	倫理ルールの 共創
3．AIの基礎と応用	基本的な AI技術と応用	応用スキル	AIを用いた創造
4．AI教育方法論	AIに支援された 教育	AIと教育法の 統合	AI支援による 教育法の変容
5．職業開発 　　のためのAI	AIによる職業 生涯学習の実現	組織学習を 高めるAI	専門的職業の 変革を助けるAI

AIを活用する教育プログラムの策定基準として提案されたコンピテンシー・フレームワーク

もますます速くなります。

155

第三部　学生の学び（学修成果）のアセスメント

> コラム 3-4
>
> どのように**人工知能の知**をコントロールし、**人間の尊厳を守る**ように
> 対処するかを学ぶことが、**教育の役割**となる。

STEMではなくSTEAMである理由

　そうした動きに対応するため、STEM（Science, Technology, Engineering and Mathematics）とよばれる理数工系の知識を幼いころから身につけさせるべく、世界的に教育開発が進められてきました。幼児や小学生も使えるプログラミング言語Scratchや、手のひらサイズのコンピュータであるArduinoやRaspberry Piもこうした流れのもと、すべての人にデジタル社会におけるものの動きの基礎を身につけさせようと開発され、用いられてきました。

　最近、STEMに替わって「STEAM」という言葉を耳にします。AはArtでありデザイン思考とも関連します。アップルの製品が多少割高であっても世界中で多くのファンを獲得したのは、なぜでしょうか。性能が優れていたのみならず、美しく機能的なデザインがユーザーの心を掴んだのです。教育や実務を含むさまざまなサービスも、ユーザー目線のデザイン思考が欠けていると、使いにくいインターフェースとなり、本質的なところになかなか到達することができません。Artやデザイン思考を日常的に使いこなすには普段からそうした観点に意識を向けていることと、トレーニングが不可欠です。さまざまな分野の教育課程において、現場の経験をもとにサービス設計をトレーニングするプログラムは有益です（表3-2）。

　Artは、あらかじめ想定している答えに向けてものごとを知覚し、整理するトップダウンな処理から思考を開放し、発散させることが必要な、創造型の活動です[3,4]。アクティブ・ラーニングやグループワークが教育の場にも取り入れられ、新しい発想を生み出すためのブレインストーミングという手法が用いられています。アメリカ合衆国のデザインコンサルティング会社であるIDEOは、アップルの初代コンピューターとマウスをデザインしたことで

156

第2章　学修目標の策定

表3-2　イノベーションおよびSTEAM教育の実践例

教育機関	プログラム名	取組内容
マサチューセッツ工科大学	MITメディアラボ	メディアデザイン イノベーションワークショップ
スタンフォード大学	d.school	イノベーションワークショップ
東京大学教養学部	東京大学×博報堂BDブランドデザインスタジオ	イノベーションワークショップ インターン
東京大学教養学部	i.school	イノベーションワークショップ
慶應義塾大学SFC	エクス・デザイン（XD）	芸術と科学 建築領域の拡張と融合 モバイル・メソッド
情報経営イノベーション専門職大学（iU）	イノベーションプロジェクト	イノベーションワークショップ インターン
東京理科大学	DX時代を先導するハイブリッド人材のための"リスキル×アドオン"プログラム	イノベーションワークショップ インターン DX
九州大学美術工学部芸術工学科	メディアデザインコース	メディアデザイン 情報工学 心理学

知られています。事業サービスのデザインや組織変革にイノベーションを起こす方法論を確立しました。ゲームのようなグループワークで創造性を引き

157

第三部　学生の学び（学修成果）のアセスメント

出すテクニックにはさまざまなものがありますが、中でもその基礎として、IDEOのブレインストーミングのルールはよく知られています（図3-5a）[5]。ブレインストーミングでは、具体的な課題を提示して、決められた時間内になるべく多くのアイデアを出すトレーニングをします。付箋1枚に一つのアイデアを書き出し、それを皆で分類し構造化します。

「マインドマップ」とよばれる知識を整理して定着させたり連想を拡げたりする方法もあり、企業研修などでよく用いられています[6]。図3-5bは、オンラインツールMiroを用いて作成したマインドマップです。複数人あるい

図3-5a　IDEOの「ブレインストーミングの秘訣」

1 焦点を明確に
明確だが狭すぎない、オープンエンドな問いを立てる

2 遊び心のあるルール
アイデアは沢山、奔放に、可視化せよ

3 アイデアを数えよ
1時間に100くらいのアイデアが出るのが最適

4 積み上げたら、ジャンプせよ
良いファシリテーターは、起承「転」をうまくつくる

5 場所は記憶する
皆に見えるように、ポストイットや模造紙で可視化する

6 心の筋肉を伸ばせ
宿題を出しておいてアイスブレークに活用

7 身体化せよ
アイデアを描いてみる、プロトタイプを作ってみる

158

第2章　学修目標の策定

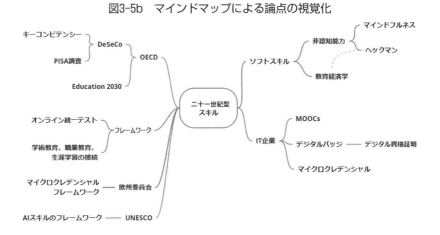

図3-5b　マインドマップによる論点の視覚化

はAIとの対話でアイデアを拡げることができます。マインドマップは一人でも用いることができますが、手持ちの情報を視覚化し、コミュニケーションをとりつつ共同作業を行うのに優れています。模造紙やホワイトボードを用いるのではなく、オンラインでこれらのグループワークや視覚化を行う専用のツールも多く開発されており、思考の過程を記録できる機能をもつものもあります。

　一方で、他者とのアイデア出し（壁打ち）を行う際に、生成AIが有用であることが指摘されており、ブレインストーミングは人間と人工知能の間でもできるようになってきました。発散的なアイデア出しの基本は、異なる領域間を結びつけ、変形させることが基本であり[7]、未知のアイデアを一から創造することは容易ではありません。既存の優れたアイデアを組み合わせて人間の好みそうな新しい作品をAIが作り出すことができることは、音楽や小説、絵画といった分野で示されています。人間に特有な創造性が存在するのか、それをどのように定義できるかは今後の課題です。

　創造性を追求するプレッシャーに労働者が常にさらされているIT企業では、固定化した思考をリリースして心身のキャパシティを増大するための仕

159

第三部　学生の学び（学修成果）のアセスメント

掛けを業務内に取り入れています。Googleでは「20％ルール」を設置し、本務のほかに自らの興味に基盤をおいたプロジェクトにたずさわる時間を勤務時間内に確保していました。これは領域横断的な発想を生じさせる仕掛けとして有効に機能し、多くのイノベーティブなサービスが産み出されました[8]。業務フロアの目立つところにトレーニングや体を使ったゲームをすることができるエリアが設けられているなど、就業者が同僚とコミュニケーションを取ることのできる場を用意しています。さらにマインドフルネスのトレーニングを就業時間中に取り入れており、職業スキルとしてのマインドフルネスの有用性が世界的に印象づけられました[9, 10]。

　社会変化の対応に必要となる能力や技能として、合衆国やIT企業が中心となって二十一世紀型スキルを定義したことは、第一部　第3章（p. 54）で述べました。これと並行して、OECDは「能力の定義と選択」（Definition and Selection of Competencies, DeSeCo）として求められるキー・コンピテンシーを定義しており（1999～2002年）、こちらも教育改革の指針としてさまざまな場面で用いられてきました。現在は、Education2030（Future of Education and Skills 2030）プロジェクト[11]へと発展していますが、その際に参考とされたハーバード大学カリキュラム・リデザインセンター（CCR）の「二十一世紀のメタ学習」では、知識、スキル、性格の三次元を包括したメタ学習（図3-6左図）を目標として定義しています[12]。「性格」は資格枠組の「責任と自律性」に相当しますが、内容としてマインドフルネスが筆頭にあげられているように、知識や技術の習得といったハードスキルのみならず、学び方のベースとしてメンタル面の陶冶のようなソフトスキルへの着目が高まっていることが分かります。

　教育経済学においても、ノーベル経済学賞受賞者であるジェームズ・ヘックマンによる、教育が経済的なメリットを生じさせる上で重要なのは獲得した知識そのものよりも、学習習慣を通じて身につけられる「非認知能力」であるとする研究成果が注目を集めました[13]。これらの「非認知能力」は心理学者から見るといずれも認知能力そのものではありますが、マインドフルネ

160

第2章　学修目標の策定

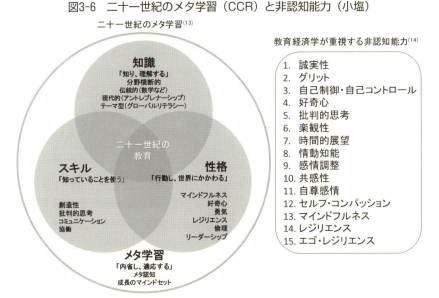

図3-6　二十一世紀のメタ学習（CCR）と非認知能力（小塩）

スや好奇心、レジリエンス（困難や挫折から、しなやかに立ち直る力）などがあげられており[14]、二十一世紀のメタ学習の「性格」と呼応しています。

　これらの実践や知見を、時間生産性が非常に低いとされる日本の労働慣行と比較すると、「目前の作業をひたすらこなすことによって成果があがる。」という働き方は過去のものとなっており、「何のためにその仕事をすることが必要か？」という意図のもち方を支える、メンタル面を強化することが重視されていることが分かります。デジタル・トランスフォーメーション下の社会では決まりきった仕事は自動化され、次々に現れる新しい知識や技術は速やかにコモディティ化されます。一方で人間には変化への対応と創造性が求められる「知識創造組織」[15]での活躍が求められますから、教育プログラムも創造性のベースとなるソフトスキルのトレーニングをめざしたものとなります。

161

スキルと自律性

　二十一世紀型スキルの考え方と同時期に発展した資格枠組では、知識、技能と並列して「責任と自律性」が大きな柱として定義されています。これは二十一世紀型スキルにおいて、自ら学び続ける姿勢、他者とのコミュニケーションをとりつつ業務を遂行できること、欧州化の進む社会の中で個人の責任と社会的責任を果たすこと、という目標が含まれたことと対応しています（第一部　第3章　pp. 51-80）。ここまで述べてきたように知識や技能を身につけることが教育の目的とされることは当然ですが、「責任と自律性」の軸では、それらを用いて学修や業務遂行をしようとする意欲が評価されます。教育プログラムの中ではプロジェクト学習（Project-Based Learning, PBL）にみられるように、自ら探求を深めて学習内容をプレゼンテーションしたり、小論文の執筆を行ったりすることによって評価されることが一般的です。職業教育では、とくに、その分野における倫理綱領をよく理解していること、新奇な問題に対してリーダーシップをもって対応を行うことが求められます。

　教育の機会は増えている一方で、機会を利用できなかったり、教育の成果を就業に結びつけることができなかったりする人々も増えています。合衆国では働き盛りの成人（25-54歳）男性のうち、就労せず求職もしていない者の割合が10.5％（680万人）に達しており、問題視されています[16]。このような状況を背景として、教育プログラムの履修証明の他に、コミュニティカレッジを中心に就業能力（Employability）を示すデジタルバッジも登場しています。自己認識、コミュニケーションスキル、共感性、レジリエンス、多様性に対する理解といった単元が学修項目としてあげられています。

　東京2020オリンピック・パラリンピック競技大会「持続可能性に配慮した調達コード」に明示されたように、グローバル組織は民族性、人種、国籍、宗教、性別、性的指向・性自認、障がいの有無、社会的身分等による差別やハラスメントが認められる組織との取引を排除しなければならず[17]、マイノリティに対する合理的な配慮が行われているかの確認が行われます。これは教育機関の連携の際にも同様です。学内でのガイドライン整備にもとづき

第2章　学修目標の策定

ファカルティ・デベロップメント（FD）／スタッフ・デベロップメント（SD）
が行われ[18]、シラバス内での対応が明示されていることが望まれます。同質
性の高い職場環境は、多様な人材が活躍する環境と比較して、新しいアイデ
アが受け入れられにくく、内部チェックも働きにくく、成長の停滞を生じや
すいことが明らかになっています[19]。

　一方で、多様性の尊重は内部コンフリクトと無縁ではありません。オラン
ダでは、性にまつわる平等性や家族のあり方における自由（ダイバーシティ）
を尊重してきた一方、多様な民族との共存（多文化共生）も重要な価値観で
した。しかし、伝統的な価値観を保持する移民の増大によって、個人の自由
を重んじる西洋的価値観との衝突が起こり、暗殺事件が起こる事態ともなり
ました[20]。また、社会の中での伝統の尊重は、その文化と対立している民族
をバックグラウンドとする他のグループに対する脅威として捉えられること
もあります。

　雇用者に対するコンプライアンス研修などで、人々が無意識のうちに持っ
ているバイアス（考え方の偏り、偏見）を検出するテストやチェックリスト
が用いられるようになっています。これは有用な取組といえますが、マイノ
リティとマジョリティの定義は時代や地域によって移り変わりますし、誰し
もが何らかのマジョリティ性とマイノリティ性を併せもっているともいえま
す。そうした多面性を意識することが、持続性のあるダイバーシティ・マネ
ジメントにつながる鍵であると思われます。

《注》

(1)　AI competency framework for students - UNESCO Digital Library. https://
　　unesdoc.unesco.org/ark:/48223/pf0000391105

(2)　AI competency framework for teachers - UNESCO Digital Library. https://
　　unesdoc.unesco.org/ark:/48223/pf0000391104

(3)　トム・ケリー, デイヴィッド・ケリー（著）千葉敏生（翻訳）（2014）『クリ
　　エイティブ・マインドセット 想像力・好奇心・勇気が目覚める驚異の思考法』

日経BP

(4) ヤング吉原麻里子，木島里江（2019）『世界を変えるSTEAM人材 シリコンバレー「デザイン思考」の核心』朝日新聞出版

(5) Kelley, T. (2001)『The Art of Innovation: Lessons in Creativity from IDEO』America's Leading Design Firm, Currency

(6) トニー・ブザン（著）近田美季子（監修）石原薫（翻訳）『マインドマップ 最強の教科書』小学館集英社プロダクション

(7) マイケル・マハルコ(2013)『クリエイティブシンキング入門』ディスカヴァー・トゥエンティワン

(8) エリック・シュミット（著）土方奈美（翻訳）（2014）『How Google Works：私たちの働き方とマネジメント』日経BPマーケティング

(9) デイヴィッド・ゲレス（著）岩下慶一（翻訳）（2015）『マインドフル・ワーク「瞑想の脳科学」があなたの働き方を変える』NHK出版

(10) チャディー・メン・タン（著）柴田裕之（訳）一般社団法人マインドフルリーダーシップインスティテュート（監訳）（2016）『サーチ・インサイド・ユアセルフ─仕事と人生を飛躍させるグーグルのマインドフルネス実践法』英治出版

(11) OECD Future of Education and Skills 2030 https://www.oecd.org/en/about/projects/future-of-education-and-skills-2030.html

(12) Bialik, M., Fadel, C. (2015)『Meta-Learning for the 21st Century: What Should Students Learn?』Center for Curriculum Redesign https://curriculumredesign.org/wp-content/uploads/CCR-Meta-Learning-FINAL-Nov.-17-2015.pdf

(13) ジェームズ・J・ヘックマン（著）古草秀子（翻訳）（2015）『幼児教育の経済学』東洋経済新報社

(14) 小塩真司ほか（2021）『非認知能力：概念・測定と教育の可能性』北大路書房

(15) 三宅なほみ（監訳）P.グリフィンほか（編集）（2014）『21世紀型スキル：学びと評価の新たなかたち』北大路書房

(16) Lee, J. (2024) More men in their prime working years are neither working nor looking for jobs—here's why. CNBC https://www.cnbc.com/2024/09/21/why-more-men-are-dropping-out-of-the-workforce.html

(17) 東京オリンピック・パラリンピック競技大会組織委員会（2019）持続可能性に配慮した調達コード（第3版）

⒅　LGBTQ＋支援（2023）筑波大学ジェンダー支援チーム　https://diversity.
tsukuba.ac.jp/lgbtq

⒆　マシュー・サイド（2021）『多様性の科学』ディスカヴァー・トゥエンティワン

⒇　太田和敬，見原礼子（2006）『オランダ 寛容の国の改革と模索』子どもの未来社

第三部　学生の学び（学修成果）のアセスメント

第3章

アセスメント結果の共有と活用

　高等教育機関の授業は、かつては一人の教員と学生の集団が同じ場所で顔を合わせて行われるのが一般的でした。しかし、今や、高等教育の授業は伝統的な教室に閉じ込められてはいません。たとえば、オンライン授業が重要な機能を果たしつつあります。アメリカ合衆国における高等教育機関に対する調査（2,800校を対象、2011年）によると、在籍学生全体の32％にあたる670万人がオンライン授業を受けていました[1]。オンライン教育から必然的に産まれるMOOCs（大規模公開オンライン講座）、反転授業やブレンデット・ラーニング型学修などの進展により、「教室とは何か？」という根本的概念に疑問が出ています。

　新型コロナウィルス感染症の影響でオンライン授業が実施され、オンライン授業のメリットが明らかになっています。全国大学教員調査[2]によると、「教室に行かなくても授業ができる。」というメリットは当然ですが、授業の進め方や内容そのものについてのメリットがあげられています。たとえば、「学生が教材を事前に見ることを前提にして、授業ができる。」「一回一回の授業について、内容、到達目標を意識する。」「授業の内容・方法の透明性が増した。」と答えている教員が７割程度、「学生からの質問、コメントが多くなった。」と答えている教員も半数以上に達しています。これらの意見からは、授業が教員の一方的な講義だけではなく、それに対応した学生の学修、課題によるその確認などの「学修本位の教育」に向けた「構造化」が期待されます。教育の質のチェックも学生の学修到達の結果が中心となってきました。

　二十世紀までの高等教育（とくに大学）の目標とは、基本的な知識・技能（認知能力）を高めることでした。教育パラダイムのもとで、教員は主に講義を行い、アサインメント（研究課題や宿題）などによって学生の学習を促

166

第3章　アセスメント結果の共有と活用

し、テストなどによる成績評価によってアセスメントを行っていました。「認知能力」は、知能検査や学力テストで測定される能力です。これに対して、「非認知能力」は、好奇心、協調性、自制心など情感や社会性に関する能力です。基本的な知識・理解（認知能力）は重要であるものの、今日では、それらは知識・理解を活用する思考力に比べて、重要性が低くなっています。雇用主、政策立案者およびその他の高等教育関係者は、三つのスキル〔コミュニケーション、情報リテラシー（調査および問題解決）および他者との協働スキル〕を重視しています。すなわち、「思考力」「イノベーション（革新）力」「問題解決力」「率先力」などの非認知能力を備えもつ人材が求められており、教育プログラムはコラム3-5に示した3カテゴリーの学修目標を掲げた授業科目群から構成する必要があります。これにともなって、態度や価値観などのアセスメントが不可欠となっています。このように、教育目標・環境の大きな変化にともない高等教育の質に対する懸念から、「自分独自の高等教育を設計すべきである。」「教育機関が学生に与える影響を実証する必要がある。」「より生産的かつ目的に応じた形で学生の学びのエビデンスの利用に重点を絞るべきである。」などと勧告されています[3]。

コラム 3-5

二十一世紀の高等教育の学習目標
・**知識および概念の理解**
・**思考およびその他のスキル**：応用、分析、問題解決、意思決定、統合および創造性、批判的思考、情報リテラシーなど
・**態度、価値観、気質および思考習慣**：メタ認知、生産的な気質または思考習慣

　多肢選択式テスト、小論文テストや口頭試問などが、アセスメントツールとして長年使われてきました（以下「従来型アセスメント」とよびます）。従来型アセスメントは通常、制約された条件のもとで、決まった時間内に実施されていました。これは、あくまでもアセスメントに必要な情報を収集す

167

第三部　学生の学び（学修成果）のアセスメント

ることが目的であり、学生に学修の機会を与えるものではありませんでした。

　これに対して、パフォーマンス・アセスメント[4]は、従来型の多肢選択式テストに替わるもので、学生が自らのスキルを社会に向けて分かりやすく実施してみせる場で、記述・実験アサインメント（研究課題や宿題）、プロジェクト研究、演技・演奏等のパフォーマンスなどが例としてあげられます。パフォーマンス・アセスメントには、実際のデータを使ったケーススタディの分析、実験室での実験作業あるいはインターンシップなどが含まれます。小論文テストや口頭試問は、従来型アセスメントとパフォーマンス・アセスメントの両方で使われています。小論文テストや口頭試問では、文章化力、批判的思考力、言語化力などを示すことが求められますので、パフォーマンス・アセスメントの要素が含まれています。また、パフォーマンス・アセスメントには、正解が一つしかない問題に取り組むのではなく、正解が予測できないあるいは正解といえるものが複数存在する現実社会の問題を解くことによって現実的な解決案の学修ができます。

第1節　学修成果の達成状況の測定

　多様化・複雑化している二十一世紀社会のニーズに応えるために、各高等教育機関は、それぞれ固有の教育活動を展開しています。もはや、一律に高等教育を語ることは不可能となっており、各教育機関は、観察・測定できる指標を用いて、自らの教育活動の特色を説明する責任があります。社会が最も必要としている情報は、学修成果（学生の学び）であることは、何度も強調しました（図3-7）。この節では、目標とした学修成果の達成状況の測定方法について議論します。

　学修成果が達成されたか否か、あるいは達成の程度を測定することは、科目やプログラムによって異なり、一般的に論じることは困難です。そこで例として、「グローバル化時代に対応できる人材」という人材像について考えます[5]。この人材に求められる能力として、たとえば「現代世界の経済的相

168

図3-7　多様なステークホルダーと学修成果

互依存関係を理解する。」「外国語で自分の意見を表明する。」「多文化的状況への理解・感性をもつ。」などがあげられ、人材像は一連のコンピテンシー（competency）に分解できます。コンピテンシーとは、成果につながる行動特性のことで、主に人事評価や人材育成などに活用されている概念です。コンピテンシーの語源であるコンピテンス（competence）は、「特定の作業に必要な能力、力量、適性」をさす言葉です。

　グローバル人材が修得すべき諸コンピテンシーのうち、「外国語で自分の意見を表明する。」は、国際コミュニケーション英語能力テスト（Test of English for International Communication, TOEIC）やその他の英語検定試験のスコアなどを用いることによって、学修成果の客観的な達否の判断が可能です。これに対して、「多文化的状況への理解・感性をもつ。」のような「○○への理解・感性」などの質的な内容の修得状況の可測化が、学修成果の達成状況を把握する際の課題です。これまでに提唱されている可測化方法のいくつかを以下に紹介します。
① 　計数的な指標を設定する。
　そのコンピテンシーを計数的に表現できる数値指標を案出し、その高低を達否の尺度とします。典型的な例が上述のTOEICスコアです。それ以外にも学修成果の内容に応じて、関連資格試験の合格率、ウェブサイトのアクセス数、図書館などの利用者数など、直接的あるいは間接的を含めて種々の指標が考えられます。

第三部　学生の学び（学修成果）のアセスメント

② 学生アンケート調査を用いる。

　適切な数値指標が見当たらない場合、アンケート調査がよく用いられます。たとえば、学期終了後に学生アンケートを行い、その科目が目標とするコンピテンシーを（どの程度）修得したかを質問します。肯定回答が多ければ、修得されたものと判断します。

③ 行為を使って記述する。

　理解や感性などに関わるコンピテンシーは、人の内面に隠れたもので外から把握は難しくなります。しかし、理解や感性が行為として表現されることによって、把握が可能になります。たとえば、学術的テクストの理解能力を取りあげる場合、学修成果のテクストを「理解する。」という表現を避け、「解釈する。」「要約する。」「翻訳する。」などの記述を用います。これによって、解釈・要約・翻訳などの成果物（レポートや筆記・口頭試験など）によって、理解の度合が判定可能となります。

④ 達成水準を記述する。

　これも具体的な記述の工夫です。学修成果を考える際には、どのような知識・スキル・態度などが修得されるか否かだけでなく、修得の水準も考えるべきです。たとえば、単に「外国語で、その専門分野に関する自説を表現する。」だけではなく、「…自説を演習で発表する。」あるいは「…自説を学会でプレゼンテーションとして発表する。」と記述します。これによって、記述が必然的に具体的となり、可測性が高まります。水準の記述にあたり、学修による思考の発展過程を六段階化したブルーム（Bloom）の分類法[6]が参考になります。ブルームの分類法として知られる枠組みでは、学修について、認知的領域、情意的領域（態度）および精神運動的領域（運動）の三領域を考え、そのうち認知的領域は、表3-3に示す六次元を有します。

170

第3章　アセスメント結果の共有と活用

表3-3　ブルームの分類法[(3)]

① **記憶**（remember）何かを知っている。
② **理解**（understand）何を知っているか理解している。
③ **応用**（apply）何かをその文脈から切り出し、他の文脈で用いることができる。
④ **分析**（analyze）何かを分析できる。
⑤ **評価**（evaluate）分析の結果、何かについて判断できる。
⑥ **創造**（create）新たなものを創造できる。

　上記①〜④の方法は、すべての学修について共通的に万全のものではありません。学修成果の内容によって工夫が肝要です。留意すべき点は、高等教育は、他の事業（たとえば研究や社会貢献など）と深く連携していますから、事前に設定された学修成果を超えて、あるいは予測されなかった学修への進展の可能性を秘めています。したがって、学修成果は、社会のニーズに応えるために、柔軟に捉えるべきです。

　適切と思われる学修成果の設定は、可能なかぎり具体性・可測性に配慮します。設定された学修成果に基づいて授業が実施され、学期末には学修成果の達否を点検し、学修成果の目標設定が適切であったか否かを検討します。その結果を受けて、学修成果に必要な修正を加えて次の教育に臨みます。このように、学修成果の目標設定→学修の実行→学修成果のアセスメント→アセスメント結果の分析と共有のサイクルが継続的に続くことになります（図3-8）。

学修成果の検証アンケート

　授業科目ごとの学修成果（修得が期待されるコンピテンシー）について、学生がそれをどの程度修得したと認識しているかについて、学生本人および教員に質問します（表3-4）。このアンケートは、内部質保証の国際的な大学コンソーシアム「高等教育内部質保証」（Internal Quality Management in

第三部　学生の学び（学修成果）のアセスメント

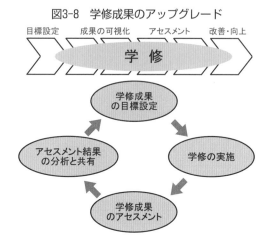

図3-8　学修成果のアップグレード

Competence-Based Higher Education、以下「IQM-HE」と略します。）が提唱しているものです[7]。

表3-4　IQM-HEのアンケート（学生用）書式[7]

学修成果　○○○○についての知識をもつ			1	2	3	4	5	6	7
		レベル	1	2	3	4	5	6	7
問い	あなたの知識・スキルはどのレベルか								
	このプログラムはどのレベルまであなたの知識・スキルを育成したか								

各レベルの説明：1　なし、2　初歩、3　基礎、4　（期待した知識・スキルの）相互連関、5　（期待した知識・スキルの）脈絡づけ、6　（期待した知識・スキルの）拡張、7　知識・スキルの創造

このアンケートでは、修得度は単純なレベルから創造的なレベルまで7段

第3章　アセスメント結果の共有と活用

階に分けられています（表3-4）。学期の始まる前に、各科目の学修成果について、学生の修得すべきと考える水準をあらかじめ設定します。学修成果の記述は、めざすべき水準が7段階中のどこに該当するか記します。これが「目標学修成果」となります。

学期終了後、学生と担当教員の双方に対して、学修がどの程度進展した（と認識している）かを質問します。これが「達成学修成果」です。学生は、学修によって習得できた知識・スキルが7段階のどのレベルにあるかを自己診断し、該当する段階をマークします。さらに参考として、その教育プログラムが自分の知識・スキルをどのレベルにまで引きあげたかという第2問にもマークし、その教育プログラム自体の教育効果を把握します。知識・スキルの現レベルが、必ずしもそのプログラムによる直接的な学修成果だけではなく、他授業の学修や就労体験などの影響を配慮して、第2問が設定されています。

教員は、学生が当該コンピテンシーをどの程度修得したと認識しているかを回答します。その際、およそ受講生の75％くらいを念頭に置きます。表3-4の「各レベルの説明」のように、各段階の水準記述は抽象的です。このアンケートでは、知的活動の発展は、単純で単発的な次元から複雑で相互連関的な次元を経て、創造的な次元へと発展するプロセスとして描かれています。

回答者ごとの理解のブレ抑制のために、アンケートでは付録として具体的事例を若干数あげてあります。本書では、すべてを紹介できませんが、たとえば「初歩」の学修は、どのようなものが該当するかを示しています。また、末尾に自由記述欄があり、学修についての意見などを記すことになっています。

アンケートの集計結果から、学生と教員それぞれが捉えた達成学修成果がみえてきます。これを目標学修成果と比較します。もし、両者の間に大きな差がなければ、そのコンピテンシーの修得は大きな支障なく進行したものと判断できます。しかし、両者の間にかなり乖離が認められる場合には、学修がうまく進んでいないと診断されます。この場合には、学修がうまく進まなかった要因（表3-5）を分析して改善が必要です。もちろん、プラスの乖離

173

第三部 学生の学び（学修成果）のアセスメント

表3-5 目標学修成果が達成されない要因

1. 学修成果の表現が的確でない、設定が適当でない。

　学修成果の内容が不明確で、教育プログラム側と学生側で理解が異なっている場合、目標学修成果と達成学修成果の間に距離が生じるのは当然である。学修成果で目標水準を定めている場合、設定が高すぎないかにも注意が必要である。

2. 履修開始時の学生の学力が不足している。

　受け入れ学生の学力要件（指定された科目や履修済み課程など）を満たしていない学生が入学すれば、成績不良、すなわち達成学修成果が不良になるのは避けられない。

3. プログラム設計が適切でない。

　プログラムが積み上げ的に設計されておらず、科目間接続が円滑でないケースがある。科目間に間隙があるため、必要な知識・スキルを未修得のまま、次の科目に向かうことになる。その結果、その科目での学修が円滑に進まない。

4. 教授・学習法が適切でない。

　学修成果には、それに適した教授・学習法（大教室での講義形式でもよいもの、小人数での双方向的な学修が適しているものなど）がある。教授・学習法選択を誤ると、所期の成果はあがりにくい。

5. 教授能力が不足している。

　適切な教授・学習法を選択しても、担当の教員にその教授・学習法を実践する能力がなければ無意味である。たとえば、討論を主体にした授業を企画しても、教員にファシリテーターとしての能力が欠けている場合には、この科目の学修成果は期待できない。

6. 評価法が適正でない。

　学修成果には、それに適した評価法がある。学修成果、教授・学習法、評価法は3点セットで考えるべきである。教授・学習法に合わない評価法を採用したのでは、適切な評価は困難である。

第3章 アセスメント結果の共有と活用

が生じる可能性もありますが、これは、設定された目標が低すぎる可能性が
ありますから、目標の設定を修正する必要があるでしょう。

第2節　アクティブ・ラーニング：基盤的能力の養成

　創造社会の教育カリキュラムには、従来の知識および概念の理解を中心と
したカリキュラムとは異なり、「思考力」「革新力」「問題解決力」「率先力」
など（以下これらを「基盤的能力」とよびます。）の養成が求められます。
もちろん、基盤的能力の基礎となる専門分野の知識や概念の理解が必要であ
ることはいうまでもありませんが、MOOCsなどの知識データベース（図2-
5　p.107）が活用できますから、教育現場では、基盤的能力の養成が中心
となります。著者の一人は、多様でかつ個性豊かな資質・能力の養成めざす
学修を「統合学修（integrated learning）」（pp.22-25）とよびました[8]。す
なわち、最良の学修経験は、統合され、協働的に発展することが期待されて
います。優れた高等教育には、①明確な学修目標と成果を特定して共有する
こと、②アクティブ・ラーニングを通じて学生がこの目標を達成するのを手
助けすること、③改善につながる形で学修結果を分析、報告、自己省察する
ことが含まれます[9]。

　教授（professor）とは、元来、特定の学問分野の専門知識を「professす
る（告げる）」人という意味です。アメリカ合衆国において、すべての段階
の教育において教授（teaching）と学修（learning）の質が検討された結果
（1980年代）、教員が教えていると思われていたことと学生が実際に学んで
いることとの間にギャップがあることが明らかになりました[10]。学問内容の
深い知識は必要不可欠ですが、それ以上に、学生が自ら知識を獲得できるよ
うに効果的に導くために基盤的能力の養成の重要性が認識されるようになり
ました。

　アクティブ・ラーニングは、単に知識を獲得するだけではなく、問題の発
見や解決、あるいは他者との協働など、学生に主体性、自律性や自覚を認識

175

第三部　学生の学び（学修成果）のアセスメント

させる学修のあり方として、有効です。アクティブ・ラーニングは、「いかに教えたか」から「いかに学んだか」という言葉に象徴されるように、教授者本位から学修者本位の教育への変革について、学び方の観点から応じるものです。これまでは教員の「教えたこと」によって教育が語られてきましたが、アクティブ・ラーニングでは、学修者が「学んだこと」で教育を捉えることになります。学生自身が主体的かつ自律的な学びを進める上で、アクティブ・ラーニングは授業をデザインする際の根幹となります。

　アクティブ・ラーニングは、特定の方法があるわけではなく、多様な教授・学修法の総称です（コラム3-6）。学生の特性や学修内容によって方法や内容は異なります。

コラム 3-6

アクティブ・ラーニングとは、
教員による一方向的な講義形式の教育とは異なり、学生の**能動的な**学修への参加を取り入れた教授・学習法の総称である。学生の能動的な学修によって、**認知的、倫理的、社会的能力**、教養、知識、経験を含めた**汎用的能力**の育成が図られる。**発見学習、問題解決学習、体験学習、調査学習、グループ・ワーク**なども有効なアクティブ・ラーニングの方法である。

　アクティブ・ラーニングを取り入れた授業によって、教育の質が高まることが明らかになっています。代表的な調査結果[11,12]を紹介しましょう。初等物理学の大規模授業について、①一方向の講義型の授業と②アクティブ・ラーニングを取り入れた授業を比較すると、学生の成績は、明らかにアクティブ・ラーニングを取り入れた授業の方が高く、その効果は対面式の個別指導に相当するほどのレベルでした[11]。さらに、この授業の出席率が向上するなどの結果も報告されています。多種類のアクティブ・ラーニングの効果を調査した研究[12]では、生物学、化学、物理学などの理系科目の授業について、アクティブ・ラーニングを取り入れた授業の方が、一方向の講義型の授業と比較して、

176

第3章　アセスメント結果の共有と活用

学修効果のより高いこと、そして、単位を落とす割合の減少が明らかになっています。このように、基礎的な知識を教授する科目でもアクティブ・ラーニングが非常に有効であることが明らかになっています。また、アクティブ・ラーニングの一つである協働学修を授業に取り入れることによって、学修内容の理解という学修効果のほかに、対人関係を改善し、自尊心を高めること、すなわち「人間力」を高めることが明らかになっています（コラム3-7）[13]。

コラム 3-7

アクティブ・ラーニングには、学習内容の理解だけではなく、**学生の対人関係を改善**し、**自尊心を高める**効果が期待できる。

アクティブ・ラーニングを授業に取り入れる場合に、いわゆる学生へ丸投げでは決して学修効果は高まりません。設定された学修目標に対して、達成されるプロセスをデザインすることが不可欠です。この学修目標を設定し、プロセスをデザインする責任は教員にあります。学修目標に則して、的確な問いかけやアサインメント（研究課題や宿題）を用意するなどの周到な授業デザインが必要です（コラム3-8）。

コラム 3-8

アクティブ・ラーニングにおける**教員の役割**
① 的確な問いかけや課題を用意するなどの**周到な授業デザイン**
② 一定の成果に向かうための**ガイドあるいはファシリテーター**

従来からの講義型授業とアクティブ・ラーニング型授業とでは、教員の役割をはじめ学習環境が大幅に異なることを認識する必要があります（表3-6）。この環境変化は、学生の意識改革も重要です。知識や概念の講義を聞きに行くのではなく、アサインメントなどで十分予習して授業に臨み、授業では積極的な議論へ参加して、自らの立場から課題を考え解決を図ることが求められます。また、成績評価方法も大きく変化することを認識する必要もあります。いずれにしても、学生と教員が「過去の経験」では到底対応できない事

177

第三部　学生の学び（学修成果）のアセスメント

表3-6　学習環境の変化

	アクティブ・ラーニングの学習環境	従来型授業の学習環境
クラスの活動	学習者中心、双方向・多方向	教員中心、一方向
教員の役割	協力者（ファシリテーター）、しばしば学習者	知識・概念の伝達者、専門家
指導の強調点	関係性、問い、創造	知識・概念の獲得
成績評価	理解の質、習熟度評価、到達度評価、パフォーマンス評価、ポートフォリオ	基準準拠、多肢選択
テクノロジーの利用	コミュニケーション、アクセス、協力、表現	ドリルと練習

態に至っていることの認識を共有する必要があります。

　アクティブ・ラーニングが高等教育に生かされるためには、学生、教員双方の教育観の転換や、これらに対する正しい理解と活用に関する知識が不可欠です。これらの転換が自然発生的に起こるとは思えません。一葉の通知文書による連絡や努力目標を掲げるだけでは、変化が起こることは期待できません。わが国の従来からの授業方法や学生に対する指導等を根底から塗り替えるような変革が不可欠です。

第3節　ポートフォリオ：自己省察の文化

　多様でかつ個性豊かな資質・能力の養成をめざす統合学修[8]を推進するための重要なもう一つのツールが、ポートフォリオです。アクティブ・ラーニングとポートフォリオの連携が、これからの高等教育の推進力となります。学生および教員がそれぞれ作成する「ラーニング・ポートフォリオ」と「ティー

178

チング・ポートフォリオ」があります。

　学生が作成するラーニング・ポートフォリオは、教員自身の教育活動に関する自己省察を行う際の材料あるいは根拠資料にもなります。ティーチング・ポートフォリオ作成によって認識できる「自分に不足していること」が、ファカルティ・ディベロップメント（FD）プログラムとして用意され学べることによって、FDが教育の改善につながります。このように、ラーニング・ポートフォリオ、ティーチング・ポートフォリオ、FDプログラムの有機的な連携によって、よりよい教育への改善サイクルが期待できます（図3-9）。

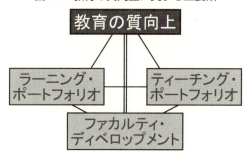

図3-9　教育の質向上に資する三要素

ラーニング・ポートフォリオ：学生の自律的省察性

　ラーニング・ポートフォリオ（表3-7）は、「個別最適な学び」（学修者本位の教育）の推進にとって重要であり、学生の自律的「省察性」を育むための最適ツールです[14,15]。学生が、自らの学修過程や学修成果（たとえば、学修目標・学修計画表と達成状況、課題達成のために収集した資料や遂行状況、レポート、学修成績、単位取得表等）を長期にわたって収集したものです。これらを必要に応じて系統的に選択し、学修過程を含めて達成度を自己省察して、次に取り組むべき課題を発見してステップアップに結びつけるための自律的な学修の促進・支援を目的としています（表3-8）。

　ラーニング・ポートフォリオは、学生にとっては、自らの学修を振り返る

第三部　学生の学び（学修成果）のアセスメント

表3-7　典型的なラーニング・ポートフォリオの内容

リスト：資料のチェックリスト
学生の成果物：ラーニング・ポートフォリオの目標によって下記のものを 　　　　　　　含めることができる。 ・レポートその他の課題（研究課題や宿題） ・ピアによる判定・評価 ・態度および関心に関する調査・測定 ・テストの内容と点数記録 ・学修と能力開発に関する学生の目標を記録した記述 ・観察、会議およびインタビューをもとにした教職員および指導教員のメモ ・インターンシップの指導教員による評価
学修プロセス、成長および改善を根拠づける資料 ・受講科目・プログラムの初期の成果物 ・レポート等の原案（ドラフト） ・各種作業の記録
内省ページ：完成したラーニング・ポートフォリオの全体的内容について、 　　　　　　学生が内省する。
ラーニング・ポートフォリオに対する教員の評価
紹介文：授業科目またはプログラムを受講した理由、学修目標、受講前の 　　　　経歴、長所と短所、キャリアまたは人生の目標等を記載する。
ラーニング・ポートフォリオに含まれる各資料についての内省
ラーニング・ポートフォリオに含まれる各資料に対する教員のコメントま たは評価

《注》⑷ p. 201を参考に筆者が作成

第3章　アセスメント結果の共有と活用

表3-8　ラーニング・ポートフォリオの特徴と期待される効果

学生が学修したことを根拠づけ、説得力のある資料である。
・多様な知識とスキルの根拠を一カ所に整理する。
・学修全体がどの様に積みあげられたかを確認しながら、学修を検証する。
・授業科目またはプログラムの成果だけではなく、学生がどのように成長
　したかも併せて示す。テストの点数、ルーブリック、評定だけよりも内
　容の豊富な記録である。

学生にとっても教員にとっても価値がある。
・学生が目標の達成を記録する方法を考え、自らの学修に積極的に関与する。
・学生の内省を促すことにより、統合とメタ認知のスキル向上が期待できる。
・学修活動において、均一性よりも多様性が広がる。
・学生と教員との間の対話を促す。
・学生が何を学んだかだけではなく、どのように学んだかについても情報
　が提供されることにより、教員の教授法の改善・向上に資する。

《注》(4) p.200を参考に筆者が作成

ことによって、到達目標に向けての取り組むべき課題を見出し、キャリア形
成に向けて踏み出していくために作成するものです（コラム3-9）。他方、教
員にとっては、学生に対する個別指導を可能とし、総括的評価だけでなく形
成的評価のプラットフォームとして機能させることができます。組織にとっ
ては、ポートフォリオの情報を集約し一元的に分析することでインスティ
テューショナル・リサーチ (IR) 情報として活用でき、ディプロマ・ポリシー
が達成されるようカリキュラム・ポリシーに則った教育が行われているのか
どうかの判断材料を提供します。ラーニング・ポートフォリオに期待される
効果や活用上の問題点等の詳細については前書[16]をご参照ください。

ティーチング・ポートフォリオとアカデミック・ポートフォリオ：教員の批判的省察

　学修者本位の教育に向けて、日々不断の教育改善を行い、変革につなげる

181

第三部　学生の学び（学修成果）のアセスメント

> ### コラム 3-9
>
> ラーニング・ポートフォリオとは、
> ・学生が、**学修過程および各種の学修成果**（たとえば、学修目標・学修計画表とチェックシート、課題達成のために収集した資料や遂行状況、レポート、成績単位取得表など）を長期にわたって**収集・記録**したもの。
> ・**学修到達度を自ら評価し、次に取り組むべき課題をみつけてステップアップを図る**ことができる。このような学生自身の自己省察を促すことにより、**自律的な学修を深化させる**ことを目的とする。
> ・従来の到達度評価では測定できない**個人能力の質的評価**を行うことが意図されているとともに、教員や大学が、**組織としての教育成果を評価する**場合にも利用できる。

ためには、教員が教育活動に関して作成する「ティーチング・ポートフォリオ」も必要です[17, 18]。ティーチング・ポートフォリオを作成することで自己省察による教育改善サイクルがまわるとともに、教育業績が可視化されることによって、教員の教育者としての側面の正しい評価につながります。大学の執行部は、このティーチング・ポートフォリオを総合的に分析して、自らの機関の教育力を判断すべきです。

　日本の高等教育が知識偏重の授業から抜け出せていない状況にあることは、すでに何度も言及しました。学修者本位の教育では、主語が学修者になっていますが、教員の主体性が必要ないということでは決してありません。「教員による指導」ではなく、「学修者自身による学び」の方向性を強調することによって、変革を促しているのです。学修者と教員それぞれ「学び」と「授業」の改善努力が、「主体的、自律的学修」の実現につながり、これによって、二十一世紀社会の求める資質・能力を備えた人材が育成されます。授業改善のためには、教員自身の批判的省察（Critical　ReflectionあるいはDirected Reflection）が必要です[18]。批判的省察とは、「望ましい結果を得る可能性を

182

第3章　アセスメント結果の共有と活用

増大させるために、認知的な技術や方略を用いる省察」です。具体的な内容は、コラム3-10に示します。すなわち、常に社会の進展に即して、教育目標の達成状況や社会が求める資質・能力の養成状況を確認することです。

コラム 3-10

教員の批判的省察
① **組織の教育目標**や**育成しようとしている人材像**を常に意識しつつ教育を実践しているか？
② **社会の動向や知識・スキルの進展**に即した教育を実践しているか？
③ **学修者および関係者の反応**を反映した教育を実践しているか？

思考力の重要性を強調したアメリカ合衆国の教育哲学者ウィリアム・ワード[19]は、次のように記述しています。

普通の教師は、言わなければならないことを喋る。

良い教師は、学生・生徒に分かるように解説する。

優れた教師は、自らやってみせる。

本当に偉大な教師は、学生・生徒の心に火をつける。

「学生の心に火をつける。」ために重要な役割を担うのが「思考」です。何かに意識や心をフォーカスさせることによって、モチベーションはどんどん高まっていきます。

教員の役割が、情報技術の進歩にともなって、大幅に変化しています[20]。かつては、教員が一方的に知識を教えていました。教員の知識や経験が一方的に伝達され、学生の情報源は教員であり、学生同士の相互作用はほとんどありませんでした。それが、アクティブ・ラーニングなどによって、教員と学生あるいは学生同士の対話や協働が行われるようにはなりましたが、教員を介して知識が学生に伝達される流れは変わっていません。教員は、情報の伝達者であるとともにゲートキーパーとしての役割をもっており、学生と教員の相互作用はありましたが、学生同士の相互作用は二次的のものでした。DX時代になると、このような状況が大きく変化します。情報技術の進歩に

183

第三部　学生の学び（学修成果）のアセスメント

ともなって、学生が知識に自由にアクセスすることができる環境（たとえば、MOOCsのような知識データベース）が整いますから、学生は自分の意思で学び、他者との対話を繰り返しながら、自分のペースで学修を進めることが可能となります（図2-5　p.107）。ここでは、情報伝達者としての教員は姿を消し、学生と教員が、知識データベースを取り囲むことになります。そして、学生同士、学生と教員間の相互作用が産まれます。このような状況下では、教員の役割は、学修環境の整備および学生がもつ知識の概念化や構造化を進めるためのファシリテーター（あるいはサポーター）となります。

　大学教員は、教育活動以外にも研究活動をはじめ多様な活動を行っていますから、**アカデミック・ポートフォリオ**[18,20,21]の作成をお勧めします（コラム3-11）。コラム中の「サービス活動」とは、学内における管理運営業務および学外における学会関連業務、社会貢献活動などを含めた活動をさします。もちろん、これにはティーチング・ポートフォリオの内容も含まれており、アカデミック・ポートフォリオは教員の活動をより包括的に扱うツールです。

コラム 3-11

アカデミック・ポートフォリオは、
教育、研究、サービス活動の業績についての自己省察による記述部分
およびその記述を裏づける**根拠資料**の集合体であり、
一人の大学教員の最も重要な**専門的成果に関する情報**をまとめたものである。

アカデミック・ポートフォリオとティーチング・ポートフォリオに共通の特徴は、次のようにまとめられます。
① 　「**何をなしたか**」だけでなく、「**なぜ**」「**どのように**」という活動の理念や工夫、方法を**自己省察**により明確化します。
② 　本文は**根拠資料**（エビデンス）によって裏づけられます。
③ 　作成者の活動の特徴に柔軟に対応し、業績の「**質**」を描き出す機能をもちます。

第3章 アセスメント結果の共有と活用

④ 「網羅的」ではなく**厳選された情報の集積**です。

これらの特徴を有するアカデミック・ポートフォリオは、各教員の活動の価値や意義を明らかにし、多様な業績を統合的に把握するためのツールです。また、作成自体が業績の改善にもつながることを期待できます。これまでの業績評価では、研究業績リスト、担当授業科目、社会活動への参加状況など、それぞれの活動が別々に「事実」に注目して記述される場合が多数でした。しかし、アカデミック・ポートフォリオでは、教員個人のあらゆる活動について、本人の理念や意義に基づき、一貫性をもって包括的に記述されるために、今まで必ずしも十分には明らかにならなかった活動全体に関して、教員自らが省察して、評価することが期待できます。

表3-9は、アカデミック・ポートフォリオの基本的構造および各項目のページ数の目安を示しています[18]。教育、研究、サービス活動のバランスは、作成者の活動状況に応じて柔軟に変化させることができます。また、作成目的によっては所属機関のもつ特性や理念に沿ったバランスや項目が求められることがあるでしょう。あるいは、評価者の側で必須とする項目が設定されることもあるでしょう。

アカデミック・ポートフォリオの特徴の一つが、「⑤ 統合、達成事項、目標」の項目です。教員にとって、教育、研究およびサービス活動は、相互に関連性を見い出しにくいものです。実際に業績報告書では、各々が独立に記述され、それらの相互作用について説明が求められることは、ほとんどなかったかもしれません。しかし、自己省察による関連性や意義の認識によって、それぞれの活動に対するモチベーションが高まり、パフォーマンスをあげることにつながります。このように、統合の項目は、各教員の個性を主張する根拠となるとともに、教員の意識変革や活動の改善にも役立ちます。この項目に象徴されるように、アカデミック・ポートフォリオにおいては作成者を主体とした活動が統合的に記述されます。

最後に再度強調したい第一は、アカデミック・ポートフォリオは、教員活動の共有（たとえば、退任間近の教員が自らの卓越した技能などを若手教員

185

第三部　学生の学び（学修成果）のアセスメント

表3-9　アカデミック・ポートフォリオの構成

項　目	内　　　　　容	ページ数
①　序	作成目的のほか、自身の活動の重要性や質の高さについての概要などを説明する。	0.5〜1
②　教育	教育の責務としている範囲とその理念およびそれを具現化している方法、改善の工夫や授業評価結果、学習の成果などを一貫性をもって記述する。	5〜6
③　研究	研究の概略と意義、重要性の説明にはじまり、代表的な研究論文／作品、他者からの評価、研究費補助金取得実績、共同研究などを記述する。	5〜6
④　サービス	学内の委員会などの活動実績や学外の社会的活動、学会における編集委員履歴などを記述する。	2〜3
⑤　統合、達成事項、目標	自身のキャリアにとっての教育・研究・サービス活動の相互作用的な意義に関する考察およびこれまでの重要な達成事項と今後の目標について記述する。	1〜2

に伝える。）や情報の発信（社会に対する教員の活動を伝え、質の高さを発信する。）にも有用なツールとなります。第二は、アカデミック・ポートフォリオ作成は、「業績の改善」という目的にも有効です。アカデミック・ポートフォリオを作成する際には、自らの活動やその理念について、集中的に自己省察を行います（コラム3-12）。つまり、アカデミック・ポートフォリオの作成そのものが、業績改善のプロセスとなります。

第3章 アセスメント結果の共有と活用

コラム 3-12

アカデミック・ポートフォリオは、
その人の達成した業績、根拠および将来の目標について、
注意深く批判的な視点と目的をもって行われた分析 ― 正真正銘の専門
的能力の進展や意義深い査定および理に適った評価に通じる、**業績と
将来の方向性に関する自己省察と精査**の集合体 ― である。

第4節　アセスメント結果の分析と活用

　アセスメントが有効に機能するか否かのポイントは、資料・データの収集
や分析です（図2-10　p. 129）。資料・データの収集はもちろん、それらの
分析や他学校とのベンチマークも自らの現況を理解する上で不可欠な作業で
す。基礎的な資料・データの収集・分析と、それらに関する情報公開が、わ
が国の高等教育機関の弱点の一つといわざるを得ない状況です。

　定量データは、アセスメントを進めるために不可欠であるとともに、教育
機関の現状を社会に示すために重要です。アセスメントの第一段階は測定作
業で、教育の状況や、得られた成果・効果を測定する行為です。すなわち、
教育の実施によって、一定期間のうちに、どのくらいの人々にサービスが提
供できたのか、サービスを受けた人々の状態がどの程度変化したのかなどを
確認するための作業です。これによって、教育の実施状況や、サービスを受
けた人々の変化に関する情報やデータを入手することができます。日常から、
これらの情報やデータを収集・整理してデータ化しておくことが肝要です。

　第二段階が判断作業で、教育が期待どおり（あるいは想定どおり）に進ん
でいるのか否かなどを判断する行為です。この判断をするためには、資料・
データが必要であり、この根拠となる情報を提供するのが測定作業です。こ
の判断の過程で、なぜ成功しているのか、なぜ期待どおりには進まなかった
のかなどの原因を分析することが重要です。この原因の把握によって、より

187

第三部　学生の学び（学修成果）のアセスメント

効果的な教育を進めるためのポイントが理解できることになります。もし、うまく進んでいないのであれば、原因を明らかにすることによって、改善点を見いだすことが可能でしょう。判断作業では、主観的な側面がより強くなりますから、具体的な基準や合格水準値などが明確に設定されている場合には、判断作業の客観性が高まることになります。

　教育機関をとりまく競争的環境は、教育機関が個別に活動する教員らの集合体であるだけでなく、組織として計画を立て、戦略的に資源を獲得し、学生を惹きつけることを求めています。そこでは、教育活動の課題や特徴を組織レベルで把握するために、教育活動に関する定量データを活用することが期待されます。定量データも元は教員や学生などの個人の活動から産まれるものですが、学部、学科などの組織としての集合的な性質の把握が可能です。

　定量データの収集・集計は比較的容易かもしれませんが、その解釈は必ずしも簡単ではありません。たとえば、「卒業率が○％」という数字だけでは、その値が高いのか低いのかすら解釈できないでしょう。そのため、データを何らかの参照基準と比較する作業が不可欠となります。参照基準には、いくつかのものが設定できます。第一は、教育機関が独自に設定した目標値を基準とするものです。その比較により目標・計画などの進捗管理ができます。第二は、過去の一時点の値を参照基準として比較します。これにより期間内の変化や向上度を測定できます。この二つは、教育機関が自らデータを収集し、分析が可能なものです。

　個別の教育機関では取得が難しい参照基準もあります。第三として、特定の他教育機関の値を基準とする場合があげられます。競争相手や優良例と認識している教育機関、特定の施策の実施状況が異なる教育機関との比較を行い、改善策を検討します。第四には、より一般的に複数機関の平均値などを基準として、分布の中での自教育機関の特徴を明確化します。これら二つの比較を行うには、機関間の協力やインフラが必要となります。国公私立の大学・短期大学1,000校以上が参加する教育情報を公表するウェブサイト「大学ポートレート」が公開されており、各大学・短期大学ごとに、「教育上の

第3章　アセスメント結果の共有と活用

目的等」「入試」「進路」「教員」「キャンパス」「学部・研究科等の特色」「教育課程（カリキュラム）」「学費・奨学金等」「学生」の情報が掲載されています[22]。専修学校（職業実践専門課程）については、当機構が、文部科学省委託事業「職業実践専門課程（職実）ポートレートセンターの構築と運用へ向けて」においてポートレートの構築を進めています[23]。アメリカ合衆国では、オンラインで入手可能な情報が公開されています[24]。

　学生の学びに関するアセスメントの目的は、改善と説明責任（アカウンタビリティ）です（コラム3-13）。この二つの目的は、かなり性質を異とするように思われ、異なる戦略を必要とするように思われます。社会に対する説明責任を目的とするアセスメントは、強み（strength）に関する総合的な情報を求めると思われます。一方、改善に資するためには、弱み（weakness）に関する総合的な情報が有用でしょう。これらの二つの目的は、強みおよび弱みに関する詳細な情報を産み出すアセスメントを計画することによって調和させ得るものです。弱みに関する詳細な情報は改善のため活用され、その改善に焦点を当てることによって、「改善・向上によって、より質の高い教育が実施されている。」という成功物語とすることが可能です。

コラム 3-13

学修アセスメントの目的
- **改善**：教育、学修、プログラム、サービス、計画策定および意思決定の質の改善をすることができる。
- **説明責任**（アカウンタビリティ）：現行のプログラム、サービス、教学について検証し、それらの有効性を証明することによって、関係者からの継続的な支援を確保することができる。

　最後に強調したいことは、アセスメントの本質的な特徴は、価値ある意思決定を行わせるための有益な情報を産み出すことです。したがって、アセスメントの計画策定にあたっては、これらの意思決定を行うためにアセスメント結果を利用する人物について明確に理解することが必要です。アセスメン

第三部　学生の学び（学修成果）のアセスメント

ト結果の利用対象者は非常に多様（表3-10）です。改善に関心をもつ者、説明責任に関心をもつ者そして両者に関心をもつ者がおり、どのような情報に価値を置くかなど、対象者によって多様です。したがって、利用対象者のニーズと優先事項を十分理解してアセスメント計画を立案することが肝要です。

表3-10　アセスメント結果の利用対象者

改善に主として関心をもつ学内の利用対象者
　　個人の教員または職員自身
　　教職員
　　アセスメント委員会のメンバー

改善および説明責任の双方に関心をもつ利用対象者
　　大学首脳陣
　　理事会メンバー
　　認証評価機関
　　同窓生

説明責任に主として関心をもつ一般の利用対象者
　　政策立案者および政府関係者（国や地方自治体）
　　将来の学生およびその家族
　　基金、同窓生およびその他の資金提供者
　　将来の雇用主
　　納税者および広く一般の人々

《注》

(1)　Allen, I.E., Seaman, J. (2013)『Changing Course: Ten Years of Tracking Online Education in the United States』Babson Survey Research Group and Quahog Research Group, LLC. https://www.bayviewanalytics.com/reports/changingcourse.pdf

(2)　金子元久（2021）『コロナ後の大学教育　大学教員の経験と意見』（東京大学

大学院教育学研究科　大学経営・政策研究センター）https://ump.p.u-tokyo.ac.jp/pdf/2021/コロナ禍後の大学教育．pdf p. 24

⑶ Berkeley, E.F., Major, C.H.（2016）『Learning Assessment Techniques: A Handbook for College Faculty』John Wiley & Sons, Inc. 日本語訳　エリザベス・F バークレイ、クレア・ハウエル・メジャー著　吉田塁監訳（2020）『学修評価ハンドブック　アクティブラーニングを促す50の技法』東京大学出版会　pp. 1-2

⑷ Linda Suskie（2009）『Assessing Student Learning A Common Sense Guide Second Edition』John Wiley & Sons, Inc. 日本語訳　リンダ・サスキー（著）齋藤聖子（訳）（2015）『学生の学びを測る　アセスメント・ガイドブック』玉川大学出版部　pp. 33-40

⑸ 川口昭彦、竹中　亨（2023）『高等教育に求められるマネジメント・ディベロップメント』専門職教育質保証シリーズ（一般社団法人専門職高等教育質保証機構編）ぎょうせい　pp. 156-174

⑹ Colorado College（2022）Revised Bloom's Taxonomy https://www.colorado-college.edu/other/assessment/how-to-assess-learning/learning-outcomes/blooms-revised-taxonomy.html

⑺ IQM-HE（2016）Handbook for Internal Quality Management in Competence-Based Higher Education https://www.iqm-he.eu/wp-content/up-loads/2018/01/IQM-Handbook-Guidelines_12-2017.pdf

⑻ 川口昭彦（2022）『DX社会の専門職大学院・大学とその質保証』専門職教育質保証シリーズ（一般社団法人専門職高等教育質保証機構編）ぎょうせい　pp. 61-62

⑼ ⑶の文献　p. 9

⑽ ⑶の文献　p. ix

⑾ Deslauriers, L., et al（2011）Improved learning in a large-enrollment physics class. *Science* 332（6031）862-864.

⑿ Freeman, S., et al（2014）Active learning increases student performance in science, engineering, and mathematics. *Proceedings of the National Academy of Sciences* 111（23）8410-8415.

⒀ Prince, M.（2004）Does active learning work? A review of the research *Journal of Engineering Education* 93（3）223-231.

⒁ ⑷の文献　pp. 197-207

⒂ ⑻の文献　pp. 96-101

⒃ 川口昭彦（2021）『リカレント教育とその質保証　日本の生産性向上に貢献するサービスビジネスとしての質保証』専門職教育質保証シリーズ（一般社団法人専門職高等教育質保証機構編）ぎょうせい　pp. 153-155

⒄ Seldin, P. (2004) The Teaching Portfolio A Practical Guide to Improved Performance and Promotion/Tenure Desisions. Third Edition. Anker Publishing Company, Inc.　日本語訳　ピーター・セルディン著　大学評価・学位授与機構監訳　栗田佳代子訳（2008）『大学教育を変える教育業績記録―ティーチング・ポートフォリオ作成の手引―』玉川大学出版部

⒅ ⑻の文献　pp. 159-168

⒆ Ward, W.A. (1971) Allegiance of America. Droke House/Hallux.

⒇ Seldin, P., Miller, J.E. (2009)）The Academic Portfolio A Practical Guide to Documenting Teaching, Research, and Service. JohnWiley & Sons, Inc.　日本語訳　ピーター・セルディン、J．エリザベス・ミラー著　大学評価・学位授与機構監訳　栗田佳代子訳（2009）『アカデミック・ポートフォリオ』玉川大学出版部

� Zubizarreta, J. (2006) The Professional Portfolio: Expanding the Value of Portfolio Development. In Seldin, P. & Associates, Evaluating Faculty Performance: A Practical Guide to Assessing Teaching, Research, and Service (pp. 201-216) Bolton, MA: Anker.

� 大学ポートレート　https://portraits.niad.ac.jp/

� 職業実践専門課程（職実）ポートレートセンターの構築と運用へ向けて https://qaphe.or.jp/MEXT_Commissioned_Project_2023/5.pdf

� ⑷の文献　p. 229

参考文献・資料

■ 基本的な資料

・川口昭彦（一般社団法人 専門職高等教育質保証機構編）『高等職業教育質保証の理論と実践』専門学校質保証シリーズ、ぎょうせい、平成27年

・川口昭彦、江島夏実（一般社団法人 専門職高等教育質保証機構編）『リカレント教育とその質保証—日本の生産性向上に貢献するサービスビジネスとしての質保証』専門職教育質保証シリーズ、ぎょうせい、令和3年

・川口昭彦（一般社団法人 専門職高等教育質保証機構編）『DX社会の専門職大学院・大学とその質保証』専門職教育質保証シリーズ、ぎょうせい、令和4年

・川口昭彦、竹中 亨（一般社団法人 専門職高等教育質保証機構編）『高等教育に求められるマネジメント・ディベロップメント』専門職教育質保証シリーズ、ぎょうせい、令和5年

・川口昭彦（独立行政法人 大学評価・学位授与機構編集）『大学評価文化の展開—わかりやすい大学評価の技法』大学評価・学位授与機構大学評価シリーズ、ぎょうせい、2006年

・独立行政法人 大学評価・学位授与機構編著『大学評価文化の展開—高等教育の評価と質保証』大学評価・学位授与機構大学評価シリーズ、ぎょうせい、2007年

・独立行政法人 大学評価・学位授与機構編著『大学評価文化の展開—評価の戦略的活用をめざして』大学評価・学位授与機構大学評価シリーズ、ぎょうせい、2008年

・川口昭彦（独立行政法人 大学評価・学位授与機構編集）『大学評価文化の定着—大学が知の創造・継承基地となるために』大学評価・学位授与機構大学評価シリーズ、ぎょうせい、2009年

参考文献・資料

・独立行政法人 大学評価・学位授与機構編著『大学評価文化の定着―日本
　の大学教育は国際競争に勝てるか？』大学評価・学位授与機構大学評価シ
　リーズ、ぎょうせい、2010年
・独立行政法人 大学評価・学位授与機構編著『大学評価文化の定着―日本
　の大学は世界で通用するか？』大学評価・学位授与機構大学評価シリーズ、
　ぎょうせい、2014年
・独立行政法人 大学改革支援・学位授与機構編著『グローバル人材教育と
　その質保証―高等教育機関の課題』大学改革支援・学位授与機構高等教育
　質保証シリーズ、ぎょうせい、2017年
・独立行政法人 大学改革支援・学位授与機構編著『高等教育機関の矜持と
　質保証―多様性の中での倫理と学術的誠実性』大学改革支援・学位授与機
　構高等教育質保証シリーズ、ぎょうせい、2019年
・独立行政法人 大学改革支援・学位授与機構編著『内部質保証と外部質保
　証―社会に開かれた大学教育をめざして』大学改革支援・学位授与機構高
　等教育質保証シリーズ、ぎょうせい、2020年
・独立行政法人 大学改革支援・学位授与機構編著『大学が「知」のリーダー
　たるための成果重視マネジメント』大学改革支援・学位授与機構大学マネ
　ジメント改革シリーズ、ぎょうせい、2020年
・独立行政法人 大学改革支援・学位授与機構編著『危機こそマネジメント
　改革の好機』大学改革支援・学位授与機構大学マネジメント改革シリーズ、
　ぎょうせい、2022年

■　一般社団法人 専門職高等教育質保証機構ウェブサイト

URL：https://qaphe.or.jp

■　独立行政法人 大学改革支援・学位授与機構ウェブサイト

URL：https://www.niad.ac.jp

あとがき

　「学修者本位の教育」という言葉が登場したのは、中央教育審議会答申『2040年に向けた高等教育のグランドデザイン』です。デジタル社会では、人間として他者を尊重し、信頼を築き、価値を創造することが求められ、ネゴシエーション力や独創性、問題解決力等の情動（学生の身体的・生理的、また行動上の変化）に関わる根源的な能力が問われることを想定しています。「学修者本位の教育」とは、「個々人の可能性の最大限の伸張」に重点をおき、学生が必要とする資質・能力の最適化を図る学修をめざすものです。学生自身が、自らの目標を認識して主体的に学修に取り組み、その成果を自ら適切に評価した上で、新たな学びに踏み出していく自主性・自律性の重要性が強調されました。教育機関には、この学修者本位の教育を実現する教学マネジメント（学生の学びのマネジメント）を求めるとともに、社会に対しても、教育機関の選択にあたっては、偏差値等の数的なデータだけではなく、「アウトカムズ（学修成果）に基づいて教育機関のパフォーマンスを判断すべきである。」というメッセージが発信されました。

　日本の産業構造が大きく変化したことも重要なポイントです。二十世紀の日本は製造産業中心の工業社会で、終身雇用を前提とした企業内教育訓練が機能していました。しかしながら、企業内教育訓練は製造業中心の社会では機能していたかもしれませんが、サービス産業には、製造産業とは異なる質（価値）の視点が入ることに留意が必要です。製造業では、一般的に欠点がないこと（zero defects）が重視されますが、サービス業では、欠点を最小限にすることは当然ながら、

「顧客に不満がない」という視点が加わります。すなわち、質の重点は顧客満足（consumer satisfaction）になります。サービス企業の価値創造は、企業側の取組だけでは不十分で、企業とその周囲の多様なステークホルダー（利害関係者）との間の協働を基盤としています。この「協働」を実現するためには、コミュニケーション力、理解力、創造力などが求められます。これが、モノ中心的視点とは大きく異なる点です。かつての製造業中心の産業構造がサービス産業中心に大きく変革している中で、高等教育におけるモノ中心主義からサービス中心主義への変革、換言すれば、自分（個人あるいは組織）だけではなく他者（個人あるいは組織）との協働（共創）の必要性です。わが国では、産業構造が大幅に変わっているにも拘らず、それに対応できる人材養成や労働環境の改善が進んでいないことが課題です。

　この専門職教育質保証シリーズを発刊するにあたって、一般社団法人 専門職高等教育質保証機構の関係者の方々、文部科学省総合教育政策局をはじめ機構外の多くの方々のご協力とご示唆をいただきました。心からお礼申し上げます。また、機会あるごとに、貴重なご意見をいただいた、独立行政法人 大学改革支援・学位授与機構の関係者の方々にも感謝の意を表したいと思います。最後に、本書を出版するにあたり、株式会社ぎょうせいにお世話になり、心よりお礼申し上げます。

　2025年3月

　　　　　　　　　一般社団法人 専門職高等教育質保証機構

　　　　　　　　　　　　　代表理事　川　口　昭　彦

編著者紹介

【編　者】

一般社団法人　専門職高等教育質保証機構

　2011年2月、一般社団法人ビューティビジネス評価機構として設立。2012年7月、ビューティビジネス専門職大学院の認証評価機関として文部科学大臣から認証を受ける。2014年9月、一般社団法人　専門職高等教育質保証機構と改称し、専修学校職業実践専門課程教育の質保証事業を開始する。2021年5月、教育実践専門職大学院の分野別認証評価機関として文部科学大臣から認証を受ける。2023年11月、専門職大学（リハビリテーション分野、ファッションビジネス分野）および専門職短期大学（動物ケア分野）の分野別認証評価機関として文部科学大臣から認証を受ける。

【著　者】

川口　昭彦（かわぐち　あきひこ）

　1942年、台湾台北市生まれ。岡山大学理学部卒業、京都大学大学院理学系研究科博士課程所定の単位修得、理学博士（京都大学）。東京大学教養学部教授、評議員、大学院総合文化研究科教授、留学生センター長、総合研究博物館長、大学評価・学位授与機構評価研究部長・教授、独立行政法人　大学改革支援・学位授与機構理事、特任教授、顧問、参与を経て現在、名誉教授。一般社団法人　専門職高等教育質保証機構代表理事。アメリカ合衆国ハーバード大学に留学（1973-1975年）、日本脂質生化学研究会・千田賞および日本生化学会奨励賞を受賞（1978年）。アジア・太平洋地域質保証ネットワーク（APQN）副会長（2007-2009年）。アジア・太平洋地域質保証ネットワークQuality Awards - Decennial Felicitationを受賞（2013年）。

編著者紹介

〈主な著書・編著書等〉

『生命と時間　生物化学入門』（東京大学出版会）、『東京大学は変わる　教養教育のチャレンジ』（東京大学出版会）、『脂肪酸合成酵素』（日本臨牀，59，増刊号２）、『生体構成物質　大学生のための基礎シリーズ２　生物学入門』（東京化学同人）、『職業教育における"質保証"とは何か』（リクルートカレッジマネジメント）『高等職業教育質保証の理論と実践』（ぎょうせい）、『リカレント教育とその質保証』（ぎょうせい）、『DX社会の専門職大学院・大学とその質保証』（ぎょうせい）、『高等教育に求められるマネジメント・ディベロップメント』（ぎょうせい）、『大学評価・学位授与機構大学評価シリーズ（全６巻）』（ぎょうせい）、『大学改革支援・学位授与機構高等教育質保証シリーズ（全３巻）』（ぎょうせい）、『大学改革支援・学位授与機構大学改革マネジメントシリーズ（全２巻）』（ぎょうせい）

坂口　菊恵（さかぐち　きくえ）

1973年、北海道函館市生まれ。函館中部高校卒業後、数年のフリーター生活を経て東京大学文科Ⅲ類に入学、東京大学総合文化研究科広域科学専攻で博士（学術）を取得。東京大学教養教育高度化機構にて特任教員として人材開発や初年次ゼミナールの運営を担当。現在は大学改革支援・学位授与機構研究開発部教授。専門は進化心理学、内分泌行動学、教育工学。聖心女子大学、青山学院大学にて非常勤講師。

〈主な著書・共編書等〉

『ナンパを科学する』（東京書籍）、『脳とホルモンの行動学：わかりやすい行動神経内分泌学』（西村書店）、『性犯罪の行動科学：発生と再発の抑止に向けた学際的アプローチ』（北大路書房）、『女性のからだとこころ：自分らしく生きるための絆をもとめて』（金子書房）、『性教育学』（朝倉書店）、『心と行動の進化を探る：人間行動進化学入門』（朝倉書店）、『いつかリーダーになる君たちへ：東大人気講義チームビルディングのレッスン』（日経BP）、『科学の技法：東京大学「初年次ゼミナール理科」テキスト』（東京大

編著者紹介

学出版会）、『進化でわかる人間行動の事典』（朝倉書店）、『脳とホルモンの行動学（第2版）：わかりやすい行動神経内分泌学』（西村書店）、『進化が同性愛を用意した：ジェンダーの生物学』（創元社）

専門職教育質保証シリーズ
持続可能な開発目標に貢献する
専門職高等教育

令和7年4月15日　第1刷発行

編　　集　一般社団法人 専門職高等教育質保証機構
著　　者　川 口 昭 彦／坂 口 菊 恵
発　　行　株式会社 **ぎょうせい**

〒136-8575　東京都江東区新木場1-18-11
URL：https://gyosei.jp

フリーコール　0120-953-431
ぎょうせい　お問い合わせ　検索　https://gyosei.jp/inquiry/

〈検印省略〉

印刷　ぎょうせいデジタル株式会社　　　　　　　　Ⓒ2025　Printed in Japan
※乱丁・落丁本はお取り替えいたします。
ISBN978-4-324-80149-9
(5598713-00-000)
〔略号：質保証(持続可能)〕